Le petit livre des pluriels

Patrick Burgel

Le petit livre des pluriels

FIRST
Editions

ISBN 13 978-2-7540-0266-0
Dépôt légal : 3e trimestre 2006
Imprimé en Italie
Conception couverture : Bleu T

Conception graphique : Georges Brevière

Nous nous efforçons de publier des ouvrages qui correspondent à vos attentes et votre satisfaction est pour nous une priorité.
Alors, n'hésitez pas à nous faire part de vos commentaires à :

Éditions First
60, rue Mazarine, 75006 Paris
Tél : 01 45 49 60 00
Fax : 01 45 49 60 01
e-mail : firstinfo@efirst.com

En avant-première, nos prochaines parutions, des résumés de tous les ouvrages du catalogue. Dialoguez en toute liberté avec nos auteurs et nos éditeurs. Tout cela et bien plus sur Internet à www.editionsfirst.fr

Avis au lecteur

Que vous soyez écolier, étudiant, secrétaire, médecin, ingénieur, architecte, historien, fonctionnaire ou auteur, vous avez sûrement été, à maintes reprises, confronté à la question suivante : « Mais comment s'écrit ce mot au pluriel ? »

Si vous utilisez un ordinateur, il faut bien reconnaître que la plupart des logiciels de correction d'orthographe se « plantent » très souvent dès qu'il s'agit des pluriels. Nous l'avons vérifié.

Alors, vous avez regardé dans le dictionnaire et cela vous a pris du temps. Vous avez essayé de regarder dans un précis d'orthographe et cela vous a pris encore plus de temps, car il faut trouver la règle, la comprendre et l'adapter au mot dont vous voulez vous servir. Et comme dans toutes les règles, celle que vous avez trouvée présente des exceptions !

Avec cet opuscule, vous irez beaucoup plus vite. Quelques secondes vous suffiront pour trouver la solution et éviter les fautes.

Sont répertoriés dans ces pages près de 5 000 mots difficiles et leur(s) pluriel(s). Nous y avons inclus également les pluriels des nombreux anglicismes et autres mots étrangers qui émaillent notre langage courant.

Ce petit livre vous servira à toutes les étapes de votre existence : pendant votre scolarité, vos études, dans votre vie active et même quand vous aurez pris votre retraite.

Car si vous aimez la langue française, qui est comme chacun le sait (malgré les anglicismes !), la plus jolie langue du monde, vous vous devez de la respecter, elle le mérite bien !

Patrick Burgel

Introduction

Règles et méthode

Pour les vérifications des pluriels de ce livre, nous avons consulté les ouvrages suivants, dans leurs éditions les plus récentes, qui, tous, font autorité :
- Grand Larousse en douze volumes ;
- Petit Larousse 2004 ;
- Dictionnaire Bordas des pièges et difficultés de la langue française ;
- Harrap's (pour les mots d'origine anglaise) ;
- Le Robert ;
- Le Robert des difficultés du français ;
- Dictionnaire de l'Académie française ;
- Dictionnaire Robert d'orthographe et d'expression écrite ;
- Le Littré
- Atiif (site Internet du Trésor de la langue française informatisée) ;
- Le rapport du Conseil supérieur de la langue française (Journal officiel du 6 décembre 1990)
- Divers sites Internet traitant du langage, de la grammaire, du vocabulaire.

Paradoxalement, il arrive que plusieurs de ces ouvrages ne soient pas d'accord sur le pluriel de tel ou tel mot. En effet, une nouvelle orthographe peut être recommandée par l'Académie pour mettre fin à une anomalie.

L'Académie a voulu que ses recommandations soient soumises à l'épreuve du temps. Elle maintiendra donc les graphies qui figurent dans son dictionnaire jusqu'au moment où elle aura constaté que ses recommandations sont passées dans l'usage. En attendant, aucune des deux orthographes ne peut être considérée comme fautive.

Face à ces cas de figure, nous avons indiqué les deux, voire trois pluriels, laissant le choix au lecteur.

Cela illustre la difficulté des règles des pluriels. Il n'en reste pas moins les généralités suivantes, à connaître impérativement :

- La plupart des noms prennent un *s* au pluriel.
- Les noms qui se terminent par *au* ou *eau* prennent un *x* au pluriel, avec quelques exceptions comme grau ou landau, qui prennent un *s* (préférer l'exemple de sarrau car pour grau les deux pluriels sont acceptés et le

pluriel en *x* est même conseillé par le Littré).

- Les noms qui se terminent par *eu* ou *œu* prennent en général un *x* au pluriel, sauf bleu, émeu, enfeu, lieu (poisson) pneu et richelieu (chaussure), qui prennent un *s*.

- Les noms se terminant par *ou* prennent un *s* au pluriel, à l'exception de la liste que se plaisent à répéter les élèves : bijou, caillou, chou, genou, hibou, joujou et pou, qui prennent un *x*.

- Les mots se terminant par *s, x* ou *z* ne changent pas au pluriel.

- De nombreux noms se terminant par *al* au singulier se terminent par *aux* au pluriel, à l'exception de bal, cal, carnaval, chacal, choral, festival, narval, nopal, pal, récital, régal, rorqual, sental, serval et sisal qui prennent un *s*.

- Les noms se terminant par *ail* au singulier prennent un *s* au pluriel à l'exception de bail, corail, soupirail, travail, vantail et vitrail (parmi les plus courants), qui se terminent par *aux*. (En revanche, le mot « travail » du latin tripalium, employé dans le sens de « dispositif servant à immobiliser les chevaux, les bœufs, pour pratiquer sur eux certaines opérations » prend un *s* au pluriel.)

Pluriel des noms d'origine étrangère

L'Académie française, tout comme le Conseil supérieur de la langue française préconisent de franciser les mots d'origine étrangère tels que media, maximum, land, lied, kibboutz. Il n'empêche que ces mots ont toujours eu leur propre pluriel, c'est pourquoi, dans certains cas, vous trouverez les deux pluriels, le traditionnel et le « francisé » d'un même mot.

La plupart de ces mots prennent un *s* au pluriel, mais s'ils ne font pas partie de notre langage moderne, ils peuvent soit rester invariables, soit prendre le pluriel de leur langue.

Exemple : mézuzah/mézuzoth.

Mots issus du latin

Certains noms en *um* au singulier se terminent par *a* au pluriel, mais il est entré dans l'usage de conserver le *um* et d'y ajouter un *s*.

Idem pour les mots issus du latin en *us* qui se terminent au pluriel par *i*.

Mots italiens

Certains noms se terminant par *e* ou *o* au singulier se terminent par *i* au pluriel. Là encore, il est entré dans nos habitudes de garder la fin du singulier et d'y ajouter un *s*.

Exemple : des scénarios et non plus des scenarii, qui a tendance à disparaître progressivement.

De même, certains noms d'origine italienne en *a* se terminent par *e* au pluriel.

Mots anglais

Les noms se terminant par deux consonnes prennent un *s* au pluriel. Contre exemple : match, qui peut s'écrire matchs ou matches.

Les noms en *y* se terminent par *ies* au pluriel.

La plupart des noms en *man* se terminent en français par *mans* au pluriel, contre *men* en anglais.

Exemple : un super*man* devient des super*mans* (éventuellement des super*men*).

Enfin, la plupart du temps, dans les noms composés, c'est le second mot qui prend un *s*.

Exemple : week end devient week end*s*.

Mots allemands

Il n'y a pas de règle pour les mots allemands utilisés dans le français courant. Normalement, land devient lander au pluriel, mais il est d'usage en France de dire les lands allemands. De même, lied devient lieder au pluriel, mais nous parlons des lieds de Schubert. Leitmotiv devient leitmotive, mais il est d'usage dans le français courant de parler au pluriel de leitmotivs.

Mots espagnols

Quelques mots espagnols se terminant par une consonne prennent es au pluriel.

Exemple : papel/papeles.

Noms résultant de la réduction d'autres noms

Ils s'accordent généralement au pluriel.

Exemples : des autos (pour des automobiles) ou des hétéros (pour des hétérosexuels) ou des homos (pour des homosexuels) ou des frigos (pour des réfrigérateurs), etc.

Les noms de marques

Nous dirons que cela dépend de la marque : soit la marque n'est pas devenue un nom générique et elle reste invariable (exemple : ils ont plusieurs Renault), soit elle peut désigner n'importe quelle marque d'un même objet et, dans ce cas, elle se met au pluriel (exemple : tous à vos bics, écrivez…) Mauvais exemple : les noms de marques sont invariables, sauf accord du propriétaire de la marque comme pour caddies, coton-tiges, escalators.

Les personnes qui écrivent avec un Reynolds ou un Pilot sauront quand même qu'il faut se saisir de son stylo bille ! (voir plus bas).

Noms, couleurs, nombres et heures

Les noms
- Les noms de villes, de pays ou de lieux sont en principe invariables, sauf s'ils distinguent deux lieux différents pour un même nom.
  Exemple : les deux Allemagnes, mais les deux France.
- Les noms de famille sont invariables, sauf s'ils indiquent une dynastie. Exemples : les Capets, les Bourbons, les Tudors, etc.
- Les noms de famille désignant une œuvre sont invariables. Exemple : J'ai acheté des Van Gogh et des Picasso.
- Si les noms propres sont utilisés au sens de la

profession à laquelle ils correspondent, on peut les mettre au pluriel. Exemple : Tous les jeunes acteurs espèrent devenir des Belmondos, des Delons ou des Depardieux.

- Si les noms propres représentent indirectement des œuvres d'art, ils sont considérés comme des noms communs et se mettent au pluriel. Exemple : Il a reçu plusieurs Molières et trois Césars.

- Les noms propres de livres ou de journaux sont invariables. Exemples : J'ai trois Larousse et quatre Bled ou Tu as reçu plusieurs France-Soir.

- Les noms de marques déposées sont invariables. Exemples : J'ai mis mes Chevignon ou je me suis acheté trois Lacoste.

Les couleurs

- S'il s'agit d'un nom de couleur, il s'accorde avec le mot qui le précède. Exemple : des chaussettes noires ou des bérets verts.

- S'il y a plusieurs couleurs dans la même expression, les noms de couleurs restent invariables. Exemple : Partout flottaient des drapeaux français bleu, blanc, rouge.

- Si la couleur est suivie par un autre mot qui la qualifie, elle reste invariable. Exemples : des yeux bleu foncé ou des vestes gris anthracite.
- Si la couleur est suivie par une autre couleur, elle reste invariable et prend un tiret. Exemples : des chaussures brun rouge ou des yeux bleu vert.

Les nombres

- Un est presque toujours utilisé au singulier, sauf s'il est précédé d'un article indiquant le pluriel. Exemple : les uns et les autres.
- Deux, trois, quatre, cinq, six, sept, huit, neuf et dix sont, en principe, invariables.
- Vingt reste invariable, sauf s'il est multiplié. Exemples : les Quinze Vingts ou cent quatre vingts. S'il est suivi d'un autre chiffre, il reste au singulier. Exemple : cent quatre vingt cinq. S'il indique un ordre chronologique ou numérique, il reste invariable. Exemples : la page cent quatre vingt ou l'année mille neuf cent quatre vingt.
- Cent est invariable, sauf quand il est multiplié et qu'il n'y a pas d'autre chiffre ou nombre qui le suive. Exemples : cent, deux cents, trois cents, etc. Mais si, multiplié, il est suivi par un

chiffre ou un nombre, il demeure au singulier.
Exemples : cinq cent treize ou huit cent sept. En
revanche, lorsqu'il est suivi par million ou mil-
liard, il s'accorde : deux cents millions.
- Mille est toujours invariable, quelle que soit la
façon dont on l'emploie.

Les heures
- Le mot heure prend un *s* si la durée indiquée
dépasse une heure. Exemples : une heure, deux
heures, trois heures, etc.
- Quart n'est pas invariable. Exemples : trois quarts
ou deux heures trois quarts.
- Demi : en général, il n'y a qu'un seul demi ou
qu'une seule demie. Lorsqu'ils indiquent le
temps, ils ne prennent jamais de *s*. On écrira
donc : une demi heure, mais une heure et demie.
Cette règle est valable pour tous les demis sauf
pour le demi (bière).
En revanche, vous pouvez boire plusieurs demis
au café, mais vous ne devez jamais prendre le
volant après.

Le pluriel des mots composés

Les mots composés posent un problème dans la formation de leur pluriel dans la mesure où il faut savoir quels sont les composants qui se mettent au pluriel. Il n'y a pas de véritable règle et c'est avant tout le sens qui peut aider à trouver la forme correcte.

Dans les noms composés, seuls les noms et les adjectifs peuvent varier et prendre les marques du pluriel. Les verbes et les pronoms sont toujours invariables.

Des chauffe-biberons (= des appareils qui chauffent les biberons).

Des coupe-vent (= des manteaux qui coupent le vent).

Des années-lumière (= des années à la vitesse de la lumière).

Des safaris-photos (= des safaris pour des photos).

Les prépositions et adverbes restent bien entendu invariables.

Des **sans**-cœur.

Des **arrière**-pensées.

Même l'orthographe du singulier peut poser

des problèmes : il est en effet souvent logique de mettre au pluriel un des composants du mot composé, même si le tout est au singulier.

Un pare-choc (qui pare un choc) ou **un pare-chocs** (qui pare les chocs).

Afin d'harmoniser les pluriels des mots composés, les Rectifications de l'orthographe de 1990 proposent de ne mettre le nom au pluriel que si le mot composé est employé au pluriel.

Un pare-choc, des pare-chocs.

Madame, monsieur, mademoiselle, gentilhomme, bonhomme et lequel sont des mots composés qui présentent la particularité de faire varier chacun de leurs composants alors qu'ils s'écrivent en un seul mot. Les autres composés soudés prennent normalement la marque du pluriel en fin de mot.

Un échange de **bonjours** amicaux.

(bonjour = mot composé de bon et jour qui sont soudés).

Quels curieux **bonshommes** !

Les éléments de composition

Un élément est une sorte de préfixe ou de suffixe qui est formé à partir d'un mot emprunté (le plus souvent au latin ou au grec) et qui sert à créer de nouveaux mots :

micro-, biblio-, -scope…

Généralement, les éléments sont soudés au radical (le mot composé s'écrit en un seul mot). Mais il arrive que l'élément et le radical soient reliés par un trait d'union. Dans tous les cas, l'élément est invariable :

des micro-ordinateurs,
des anti-inflammatoires,
les demi-finales,
des semi-remorques.

Quelques cas à souligner

Mots s'écrivant toujours au pluriel

- agissements
- archives
- bonnes grâces
- ciseaux (lorsqu'il s'agit d'un instrument de couture, mais pas de l'outil du menuisier : un ciseau à bois)
- épousailles
- fiançailles
- funérailles
- gens

- honoraires (s'il s'agit d'une rétribution)
- lunettes (s'il s'agit de lunettes pour corriger la vue)
- mœurs
- obsèques
- prémices
- relevailles
- vivres (s'il s'agit de ravitaillement)

Expressions toutes faites
Celles qui restent au singulier :

- à pied
- à témoin
- à toute heure
- au pied (si l'on est devant une chose : arbre, montagne, mur, etc.)
- de toute façon (on le rencontre parfois au pluriel)
- de toute manière
- en cadeau
- en détail
- en personne
- en pied
- en prison
- en région
- en tout cas

- en tout temps
- en voyage
- pas d'autre chose
- pas grand-chose
- quelque temps
- rien d'autre
- sur mesure
- sur pied
- tout compte fait

Celles qui s'écrivent toujours au pluriel

- à pieds joints
- aux pieds (si l'on est devant quelqu'un ; on est « au pied » d'une montagne et « aux pieds » d'une personne)
- en fleurs (on écrira des cerisiers en fleur, un arbre en fleur, mais des arbres en fleurs)
- en miettes
- en morceaux
- entre autres
- entre autres choses
- en vacances
- par moments
- sans aucuns frais

Expressions commençant par un verbe et dont le COD reste toujours au singulier, même si le verbe est au pluriel (exemple : ils prennent parti) :

- avoir pied
- donner ordre
- envoyer copie
- faire affaire
- faire attention
- faire mention
- faire partie
- faire problème
- faire référence
- lâcher pied
- perdre pied
- porter fruit (porter ses fruits)
- prendre parti
- rendre service
- tirer parti

Dans certaines expressions, l'abstrait est au singulier, le concret au pluriel. Exemples : « Par souci de vérité, il énonça un tas de vérités », « Elle manipulait avec soin un malade qui avait besoin de soins », « Ceux qui attendent la création d'emplois lisent attentivement les offres d'emploi ».

Expressions toutes faites qui peuvent s'écrire au pluriel ou au singulier :

- tant de difficulté ou tant de difficultés
- tant d'effort ou tant d'efforts
- tant de joie ou tant de joies
- tant d'imprévu ou tant d'imprévus
- tant de misère ou tant de misères
- tant de négligence ou tant de négligences
- tant de nouveauté ou tant de nouveautés

Celles où le second mot s'écrira de préférence au singulier :

- des cartes de visite
- des champs de bataille
- des changements d'air
- des chapeaux de femme
- des coups de main
- des coups de pied
- des coups de poing
- des cuillers à café
- des domaines d'activité
- des invités de marque
- des maisons de rêve

- des papiers à musique
- des pays de cocagne
- des perspectives d'avenir
- des plans de redressement
- des poignées de main
- des points de vue
- des polices d'assurance
- des prises de bec
- des prises de sang
- des problèmes de communication
- des salles de cinéma
- des taux d'intérêt
- des toits de chaume

Celles où le second mot s'écrira au pluriel :

- une antenne de télécommunications
- un battement de mains
- une bête à cornes
- une chronique de spectacles
- un coffre à outils
- une compagnie d'assurances
- un conflit d'intérêts
- un conte de fées
- un échange de vœux
- un échange de vues

- une femme d'affaires
- une frange à pompons
- une histoire de femmes
- du papier à lettres
- un patin à roulettes
- un pays de montagnes
- une plage de galets
- une prise d'armes
- une prise de vues
- un roman à clés
- une salle de concerts
- un tissu à motifs
- un toit d'ardoises, de tuiles ou de bardeaux

Celles où les deux mots se mettent au pluriel :
- un article de journal/des articles de journaux
- un bout de chandelle/des bouts de chandelles
- un directeur d'école/des directeurs d'écoles
- un nom de lieu/des noms de lieux

En revanche, on écrira :
- des professeurs d'université (il y a plusieurs professeurs dans une université)
- des centres de recherche (on y fait de « la » recherche)

Chaque fois que l'on a affaire à une notion abstraite ou que le pluriel n'est pas nécessaire, il est préférable de laisser le nom au singulier :

- sans adieu
- sans argent
- sans arrêt
- sans cause
- sans cérémonie
- sans cesse
- sans chemise
- sans commentaire
- sans condition
- sans couture
- sans crainte
- sans date
- sans défense
- sans délai
- sans détour
- sans difficulté
- sans discussion
- sans douleur
- sans doute
- sans effort
- sans émotion
- sans encombre

- sans espoir
- sans exception
- sans explication
- sans feu ni lieu
- sans fin
- sans foi ni loi
- sans grâce
- sans hâte
- sans incident
- sans inconvénient
- sans interruption
- sans obstacle
- sans opinion
- sans partage
- sans peur
- sans pitié
- sans portefeuille
- sans précédent
- sans prétention
- sans preuve
- sans raison
- sans regard
- sans regret
- sans reproche
- sans retour

- sans sucre
- sans surprise
- sans tambour ni trompette
- sans transition
- sans trêve

Si la notion est plus concrète, on écrira :

- sans ambages
- sans amis
- sans armes
- sans aucuns frais
- sans biens
- sans bornes
- sans enfant ou sans enfants
- sans étoiles
- sans façon ou sans façons
- sans fenêtres
- sans frais supplémentaires
- sans frontières
- sans limites
- sans nuages
- sans paroles
- sans principes
- sans ressource ou sans ressources
- sans soins

- sans souci

**Attention aux sens différents pour des
expressions identiques qui peuvent s'écrire
au singulier comme au pluriel :**

- sans connaissance (évanoui) ou sans connaissances (qui ne connaît personne)
- sans charme (sans attrait) ou sans charmes (sans ce qui fait la beauté plastique de la femme)
- sans faute (à coup sûr) ou sans fautes (sans fautes d'orthographe)
- sans ménagement (brutalement) ou sans ménagements (sans précautions)
- sans nuance (d'une manière uniforme) ou sans nuances (tout d'une pièce)
- sans passion (sans enthousiasme) ou sans passions (raisonnable)
- sans réserve (entièrement) ou sans réserves (démuni)
- sans scrupule (de manière impudique) ou sans scrupules (sans états d'âme)
- sans témoin (sans personne pour observer) ou sans témoins (seul)

A comme...

Abaisse-langue/
 abaisse-langue ou
 abaisse-langues
Abaisse-paupière *invariable*
Abat-faim *invariable*
Abat-feuille/abat-feuilles
Abat-flanc/abat-flancs
Abat-foin *invariable*
Abat-jour *invariable*
Abats *toujours employé au*
 pluriel dans le sens de
 « foie », « gésier »
Abat-son/abat-son
 ou abat-sons
Abattis *invariable*
Abat-vent *invariable*
Abat-voix *invariable*
Abbaye/abbayes
Abbé/abbés
Abbesse/abbesses
Abcès *invariable*
Abdomen/abdomens

Abdomino-coraco-huméral/
abdomino-coraco-huméraux
Abdomino-coraco-humérale/
abdomino-coraco-humérales
Abdomino-costal/
 abdomino-costaux
Abdomino-costale/
 abdomino-costales
**Abdomino-
 diaphragmatique**/
 abdomino-
 diaphragmatiques
Abdomino-génital/
 abdomino-génitaux
Abdomino-génitale/
 abdomino-génitales
Abdomino-guttural/
 abdomino-gutturaux
Abdomino-gutturale/
 abdomino-gutturales
Abdomino-huméral/
 abdomino-huméraux

Abdomino-humérale/
abdomino-humérales
Abdomino-ombilical/
abdomino-ombilicaux
Abdomino-ombilicale/
abdomino-ombilicales
Abdomino-pectoral/
abdomino-pectoraux
Abdomino-pectorale/
abdomino-pectorales
Abdomino-pelvien/
abdomino-pelviens
Ahdomino-pelvienne/
abdomino-pelviennes
Abdomino-périnéal/
abdomino-périnéaux
Abdomino-périnéale/
abdomino-périnéales
Abdomino-scapulaire/
abdomino-scapulaires
Abdomino-scrotal/
abdomino-scrotaux
Abdomino-scrotale/
abdomino-scrotales

Abdomino-thoracique/
abdomino-thoraciques
Abdomino-utérotomie/
abdomino-utérotomies
Abdomino-vaginal/
abdomino-vaginaux
Abdomino-vaginale/
abdomino-vaginales
Aboi/abois
Aborto-préventif/
aborto-préventifs
Aborto-préventive/
aborto-préventives
Aboutissant/aboutissants
Abri parapluie/
abris parapluies
Abri-sous-roche/
abris-sous-roche
Abrupt/abrupts
Abrupte/abruptes
Abscons *invariable*
Absconse/absconses
Absolu/absolus
Absolue/absolues
Abstrait/abstraits

Abstraite/abstraites

Abstrus *invariable*

Abstruse/abstruses

Abyssal/abyssaux

Abyssale/abyssales

Abysse/abysses

Acacia/acacias

Acajou/acajous
(*mais adjectif de couleur
invariable*)

Accelerando *invariable*

Accès *invariable*

Accessit/accessits

Accroc/accrocs

Accroche-cœur/accroche-
cœur ou accroche-cœurs

Accroche-plat/accroche-plat
ou accroche-plats

Accroche-poissons
invariable

Accu/accus

Acétobacter/acétobacters

Acide-alcool/acides-alcools

Acide-cétone/acides-cétones

Acide-phénol/
acides-phénols

Acido-résistant/
acido-résistants

À-côté/à-côtés

À-coup/à-coups

Acquis *invariable*

Acquise/acquises

Acquit/acquits

Acquit-à-caution/
acquits-à-caution

Adagio/adagios

Adjudant-chef/
adjudants-chefs

Adjudant-major/
adjudants-majors

Aéro-club ou aéroclub/
aéro-clubs ou aéroclubs

Aéro-engrangeur/
aéro-engrangeurs

Aéro-ionisation/
aéro-ionisations

Aéro-pompe/aéro-pompes

Afro-asiatique/afro-asiatiques

Agaric/agarics

Agenda/agendas

Agio/agios

Agnel/agnels

Agora/agoras

Agrès *toujours employé au pluriel*

Agrume/agrumes

Aguets *toujours employé au pluriel*

À haut *invariable*

Ahuri/ahuris

Ahurie/ahuries

Aide-camisole/ aides-camisole ou aides-camisoles

Aide-comptable/ aides-comptables

Aide-cuisinier/ aides-cuisiniers

Aide de camp/ aides de camp

Aide-éducateur/ aides-éducateurs

Aide-éducatrice/ aides-éducatrices

Aide-maçon/aides-maçons

Aide-mémoire *invariable*

Aide-nourrice/aide-nourrice ou aide-nourrices

Aïeul/aïeuls (« grands-pères ») ou aïeux (« ancêtres » en général)

Aigre-doux/aigres-doux

Aigre-douce/aigres-douces

Aigue-marine/aigues-marines

Ail/ails ou aulx

Aïoli/aïolis

Airedale-terrier/ airedale-terriers

Aire-échantillon/ aires-échantillons

Aisance *invariable* (ne prend un s que dans une expression comme « fosse d'aisances » ou « lieux d'aisances »)

Ajonc/ajoncs

Ajour/ajours

Ajout/ajouts

À ladite/auxdites

Alambic/alambics

Albinos *invariable*

Album/albums

Albumen/albumens

Alcarazas *invariable*
ou **alcarraza**/alcarrazas

Alcazar/alcazars

Aléa/aléas

Alentour/alentours
(mais adverbe invariable)

Allegretto/allegrettos
(mais adverbe invariable)

Allegro/allegros
(mais adverbe invariable)

Alléluia/alléluias

Aller/allers (ne s'emploie au
pluriel que pour un titre
de transport)

Aller-retour/allers-retours

Allume-cigare/allume-cigares

Allume-feu/allume-feu ou
allume-feux

Allume-gaz *invariable*

Allumette-bougie/
allumettes-bougies

Almanach/almanachs

Aloyau/aloyaux

Alpaga/alpagas

Alter ego *invariable*

Ambages *toujours employé
au pluriel*

Ambigu/ambigus

Ambiguë/ambiguës

Ambiguïté/ambiguïtés

Amiral/amiraux

Amoral/amoraux

Amorale/amorales

Amour-propre/
amours-propres

Amphi/amphis (diminutif
d'« amphithéâtre »)

Amuse-bouche/
amuse-bouche ou
amuse-bouches

Amuse-gueule/amuse-gueule
ou amuse-gueules

Anal/anaux

Andalou/andalous

Andalouse/andalouses

Andante/andantes

Andantino/andantinos *(mais adverbe invariable)*

Ange gardien/anges gardiens

Anglo-arabe/anglo-arabes

Anglo-normand/ anglo-normands

Anglo-saxon/anglo-saxons

Angora/angoras

Annale/annales

Anorak/anoraks

Ano-rectal/ano-rectaux

Ano-rectale/ano-rectales

Anthrax *invariable*

Antibruit *invariable*

Anticalcaire/anticalcaires

Anticapitaliste/anticapitalistes

Anticellulite *invariable*

Anticernes *invariable*

Antichoc/antichocs

Anticorrosion *invariable*

Antidopage *invariable*

Antidouleur *invariable*

Antidrogue *invariable*

Antidumping/antidumpings *(mais adjectif invariable)*

Antifumée/antifumée *(adjectif)* ou antifumées

Antigang *invariable*

Antigel/antigels *(mais adjectif invariable)*

Antigrève *invariable*

Antiguerre *invariable*

Antiguérilla/antiguérillas *(mais adjectif invariable)*

Antihalo/antihalos *(mais adjectif invariable)*

Antihoule *invariable*

Anti-impérialiste/ anti-impérialistes

Anti-inflammatoire/ anti-inflammatoires

Anti-intellectualiste/ anti-intellectualistes

Anti-jeunes *invariable*

Antiménopause *invariable*

Anti-monte-lait *invariable*

Antiparti/antipartis *(mais adjectif invariable)*

Antipatinage/antipatinages *(mais adjectif invariable)*

Antipersonnel *invariable*
Antipoison *invariable*
Antipollution *invariable*
Antiradar *invariable*
Antireflet *invariable*
Antirejet *invariable*
Antireligieux *invariable*
Antireligieuse/antireligieuses
Antirides *invariable*
Antirouille/antirouilles
  (*mais adjectif invariable*)
Anti-sous-marin/
  anti-sous-marins
Anti-sous-marine/
  anti-sous-marines
Antitrust *invariable*
Antivol/antivols
  (*mais adjectif invariable*)
À-pic/à-pics
Apico-dental/apico-dentaux
À-plat/à-plats
Aplat/aplats
Appareil/appareils
Appas *invariable*
Appât/appâts

Appentis *invariable*
Apprenti/apprentis
Apprentie/apprenties
Appui-bras ou appuie-bras/
  appuis-bras ou appuie-bras
Appui-livre ou appuie-livre/
  appuis-livre ou appuie-livre
**Appui-main ou appuie-
  main**/ appuis-main
  ou appuie-main
  ou appuie-mains
**Appui-nuque ou appuie-
  nuque**/appuis-nuque
  ou appuie-nuque
Appui-tête ou appuie-tête/
  appuis-tête ou appuie-tête
Après-coup/après-coups
Après-demain *invariable*
Après-dîner/après-dîners
Après-guerre/après-guerres
Après-midi *invariable*
Après-rasage/après-rasages
  (*mais adjectif invariable*)
Après-shampooing/
  après-shampooings

Après-ski/après-ski ou
   après-skis
Après soleil/après-soleil
   (adjectif) ou après-soleils
Après-souper/après-soupers
Après-vente *invariable*
A priori *invariable*
À-propos *invariable*
Ara/aras
Arbitral/arbitraux
Arbitrale/arbitrales
Arboretum/arboretums ou
   arboreta
Arc/arcs
Arc-boutant/arcs-boutants
Arc-boutement/
   arcs-boutements
**Arc-doubleau ou arc
   doubleau**/arcs-doubleaux
   ou arcs doubleaux
Arc de triomphe/
   arcs de triomphe
Arc-en-ciel/arcs-en-ciel
Arc-en-terre/arcs-en-terre
Arche-banc/arches-bancs

Argus *invariable*
Aria/arias
Armoiries *toujours employé
   au pluriel*
Arrache-bottes *invariable*
Arrache-clou/arrache-clous
Arrache-moyeu/
   arrache-moyeux
Arrache-pied *invariable
   (locution adverbiale)*
Arrache-racine/
   arrache-racines
Arrache-tuyau/
   arrache-tuyaux
Arrérages *toujours employé
   au pluriel*
Arrhes *toujours employé
   au pluriel*
Arrière-ban/arrière-bans
Arrière-bec/arrière-becs
Arrière-bouche/
   arrière-bouches
Arrière-boutique/
   arrière-boutiques
Arrière-bras *invariable*

Arrière-centre/
arrières-centres

Arrière-cerveau/
arrière-cerveaux

Arrière-chœur/
arrière-chœurs

Arrière-corps *invariable*

Arrière-cœur/arrière-cœurs

Arrière-cour/arrière-cours

Arrière-cousin/
arrière-cousins

Arrière-cuisine/
arrière-cuisines

Arrière-faix *invariable*

Arrière-fief/arrière-fiefs

Arrière-fleur/arrière-fleurs

Arrière-fond/arrière-fonds

Arrière-garde/arrière-gardes

Arrière-gorge/arrière-gorges

Arrière-goût/arrière-goûts

Arrière-grand-mère/
arrière-grand-mères ou
arrière-grands-mères

Arrière-grand-oncle/
arrière-grands-oncles

Arrière-grand-père/
arrière-grands-pères

Arrière-grands-parents
toujours employé au pluriel

Arrière-grand-tante/
arrière-grand-tantes ou
arrière-grands-tantes

Arrière-main/arrière-mains

Arrière-neveu/
arrière-neveux

Arrière-nièce/arrière-nièces

Arrière-pays invariable

Arrière-pensée/
arrière-pensées

Arrière-petit-cousin/
arrière-petits-cousins

Arrière-petite-cousine/
arrière-petites-cousines

Arrière-petits-enfants
toujours employé au pluriel

Arrière-petit-fils/
arrière-petits-fils

Arrière-petite-fille/
arrière-petites-filles

Arrière-petit-neveu/
arrière-petits-neveux
Arrière-petite-nièce/
arrière-petites-nièces
Arrière-plan/arrière-plans
Arrière-port/arrière-ports
Arrière-saison/arrière-saisons
Arrière-salle/arrière-salles
Arrière-scène/arrière-scènes
Arrière-train/arrière-trains
Arrière-vassal/arrière-vassaux
Arrière-voussure/
arrière-voussures
Arroseuse-balayeuse/
arroseuses-balayeuses
Arum/arums
Ashkénaze/ashkénazes
Aspic/aspics
Assise/assises (s'il s'agit d'un
adjectif ou d'une position)
Assises *toujours employé au*
pluriel s'il s'agit d'un terme
juridique ou politique
Aster/asters

Atelier-magasin/
ateliers-magasins
Atour/atours généralement
au pluriel sauf pour « dame
ou demoiselle d'atour »
Atout/atouts
Atrium/atriums ou atria
Attaché-case/attachés-cases
Attrape-mouche ou attrape-
mouches/attrape-mouches
Attrape-nigaud/
attrape-nigauds
Audio-visuel ou audiovisuel/
audio-visuels ou audiovisuels
Audio-visuelle ou
audiovisuelle/audio-
visuelles ou audiovisuelles
Audit/audits (« contrôle »)
Audit/auxdits (désigne les
personnes dans un acte
juridique)
Auriculo-ventriculaire/
auriculo-ventriculaires
Aurochs *invariable*

Auspice/auspices employé généralement au pluriel

Austro-hongrois *invariable*

Auto/autos

Autoaccusation/ autoaccusations

Autoalarme/autoalarmes

Autoalimentation/ autoalimentations

Autoallumage/ autoallumages

Autocouchette, autocouchettes ou autos-couchettes *(adjectif invariable)*

Auto-école/auto-écoles (établissement) ou autos-écoles (véhicule)

Auto-infection/ auto-infections

Auto-intoxication/ auto-intoxications

Auto-stoppeur/ auto-stoppeurs

Aval/avals

Avale-tout *invariable*

Avale-tout-cru *invariable*

À-valoir *invariable*

Aval-pendage/ avals-pendages

Avant-bassin/avant-bassins

Avant-bec/avant-becs

Avant-bouche/ avant-bouches

Avant-bras *invariable*

Avant-centre/avants-centres

Avant-chœur/avant-chœurs

Avant-contrat/ avant-contrats

Avant-corps *invariable*

Avant-cour/avant-cours

Avant-coureur/ avant-coureurs

Avant-courrier/ avant-courriers

Avant-dernier/ avant-derniers

Avant-garde/avant-gardes

Avant-gardiste/ avant-gardistes

Avant-goût/avant-goûts
Avant-guerre/avant-guerres
Avant-main/avant-mains
Avant-mur/avant-murs
Avant-plan/avant-plans
Avant-port/avant-ports
Avant-poste/avant-postes
Avant-première/
  avant-premières
Avant-projet/avant-projets
Avant-propos *invariable*
Avant-scène/avant-scènes
Avant-toit/avant-toits
Avant-train/avant-trains
Avant-veille/avant-veilles
Avatar/avatars

Aven/avens
Aveugle-né/aveugles-nés
Aveugle-née/aveugles-nées
Avion-cargo/avions-cargos
Avion-citerne/avions-citernes
Avion-école/avions-écoles
Avion-robot/avions-robots
Avion-suicide/avions-suicides
Avis-train/avis-trains
Avocat-conseil/
  avocats-conseils
Axial/axiaux
Axiale/axiales
Ayant cause/ayants cause
Ayant droit/ayants droit
Azulejo/azulejos

B comme...

Baba/babas *(mais adjectif
  invariable en genre)*
Babiroussa/babiroussas
Baby-boom/baby-booms

Baby-foot *invariable*
Baby-sitter/baby-sitters
Bachi-bouzouk/
  bachi-bouzouks

Bac-parc/bacs-parcs
Bagad/bagadou
Bagpipe/bagpipes
Bail/baux
Bailli/baillis
Bain-de-siège/bains-de-siège
Bain-marie/bains-marie
Baisemain/baisemains
Bakchich/bakchichs
Balafon/balafons
Balai-brosse/balais-brosses
Balle-queue/balle-queues
Ballon-pilote/ballons-pilotes
Ballon-sonde/ballons-sondes
Ball-trap/ball-traps
Balsa/balsas
Banal/banals
Banal/banaux (« qui appartient au seigneur »)
Banc-balances/bancs-balances
Banjo/banjos
Bank-note/bank-notes
Bantou/bantous
Bantoue/bantoues

Baratte-malaxeur/barattes-malaxeurs
Barbe-de-bouc/barbes-de-bouc
Barbe-de-capucin/barbes-de capucin
Barbe-de-chèvre/barbes-de-chèvre
Barbe-de-Jupiter/barbes-de-Jupiter
Barbe-de-moine/barbes-de-moine
Barbe-de-vache/barbes-de-vache
Barbier-chirurgien/barbiers-chirurgiens
Barmaid/barmaids
Barman/barmans ou barmen
Barzoï/barzoïs
Bas-bleu/bas-bleus
Bas-côté/bas-côtés
Bas-de-chausses *toujours employé au pluriel*
Bas-étai/bas-étais

Bas-fond/bas-fonds
Bas-foyer/bas-foyers
Bas-hauban/bas-haubans
Bas-mât/bas-mâts
Bas-métier/bas-métiers
Bas-officier/bas-officiers
Bas-port/bas-ports
Bas-relief/bas-reliefs
Basse-contre/basses-contre
Basse-cour/basses-cours
Basse-courier/basse-couriers
Basse-courière/
  basse-courières
Basse-danse/basses-danses
Basse-enceinte/
  basses-enceintes
Basse-étoffe/basses-étoffes
Basse-fosse/basses-fosses
**Basse-lissier ou
  basse-licier**/basses-lissiers
  ou basses-liciers
Basse-marche/
  basses-marches
Basse-taille/basses-tailles
Bas-ventre/bas-ventres

Bas-voter *invariable*
Bateau-canon/
  bateaux-canons
Bateau-citerne/
  bateaux-citernes
Bateau-feu/bateaux-feux
Bateau-mouche/
  bateaux-mouches
Bateau-phare/
  bateaux-phares
Bateau-pilote/bateaux-pilotes
Bateau-pompe/
  bateaux-pompes
Bat-filière *invariable*
Bat-flanc *invariable*
Bâti-moteur/bâtis-moteurs
Bat-l'eau *invariable*
Battant-l'œil *invariable*
Batte-cul/batte-culs
Batte-queue/batte-queues
Batteur-broyeur/
  batteurs-broyeurs
Batteur-dégraisseur/
  batteurs-dégraisseurs
Bau/baux

Bazar/bazars
Bazooka/bazookas
Beagle/beagles
Beatnik/beatniks
Beau-fils/beaux-fils
Beau-frère/beaux-frères
Beau-père/beaux-pères
Beau-petit-fils/beaux-petits-fils
Beaux-arts
  toujours employé au pluriel
Beaux-parents
  toujours employé au pluriel
Bec-à-cuiller/becs-à-cuiller
Bec-cornu/becs-cornus
Bec-courbé/becs-courbés
Bec-croisé/becs-croisés
Bec-d'âne/becs-d'âne
Bec-d'argent/becs-d'argent
Bec-de-canard/
  becs-de-canard
Bec-de-cane/becs-de-cane
Bec-de-cire/becs-de-cire
Bec-de corail/becs-de-corail
Bec-de-corbeau/
  becs-de-corbeau

Bec-de-corbin/becs-de-corbin
Bec-de-cuiller/becs-de-cuiller
Bec-de-cygne/becs-de-cygne
Bec-de-faucon/becs-de-faucon
Bec-de-grue/becs-de-grue
Bec-de-hache/becs-de-hache
Bec-de jar/becs-de-jar
Bec-de-lièvre/becs-de-lièvre
Bec-de-perroquet/
  becs-de-perroquet
Bec-d'oie/becs-d'oie
Bec dur/becs durs
Bec-en-ciseaux/
  becs-en-ciseaux
Bec-en-croix/becs-en-croix
Bec-en-fourreau/
  becs-en-fourreau
Bec-en-scie/becs-en-scie
Bec-fin/becs-fins
Bec-ouvert/becs-ouverts
Bec plat/becs plats
Bedeau/bedeaux
Bégonia/bégonias
Bégu/bégus
Béguë/béguës

Belle-dame/belles-dames
Belle-de-jour/belles-de-jour
Belle-de-nuit/belles-de-nuit
(« plante »)
Belle de nuit/belles de nuit
(« prostituée »)
Belle-famille/belles-familles
Belle-fille/belles-filles
Belle-mère/belles-mères
Belle-petite-fille/
belles-petites-filles
Belles-lettres
toujours employé au pluriel
Belle-sœur/belles sœurs
Bel-outil/beaux-outils
Bercail *toujours employé*
au singulier
Bernard-l'ermite *invariable*
Bersaglier/bersagliers
ou bersaglieri
Bêta *invariable*
(lettre grecque)
Bêta/bêtas (« gros bêta »)
Biceps *invariable*
Bien-aimé/bien-aimés

Bien-aimée/bien-aimées
Bien-dire *invariable*
Bien-disant/bien-disants
Bien-disante/bien-disantes
Bien-être *invariable*
Bien-faire *invariable*
Bien-fondé/bien-fondés
Bien-fonds/biens-fonds
Bien-jugé/bien-jugés
Bien-manger *invariable*
Bien-pensant/bien-pensants
Bien-pensante/
bien-pensantes
Bienséance/bienséances
Bienséant/bienséants
Bienséante/bienséantes
Big band/big bands
Big bang ou big-bang
toujours employé
au singulier
Bijou/bijoux
Bilieux *invariable*
Bilieuse/bilieuses
Bilio-digestif/bilio-digestifs
Bilio-digestive/bilio-digestives

Bing-bang (onomatopée)
toujours employé au
singulier
Binomial/binomiaux
Binomiale/binomiales
Binominal/binominaux
Binominale/binominales
Biréacteur/biréacteurs
Bistro ou bistrot/
bistros ou bistrots
Black-bottom/black-bottoms
Black-faced *invariable*
Black-jack ou black jack/
black-jacks ou black jacks
Black-out *invariable*
Black-rot/black-rots
Blanc-aune/blancs-aunes
Blanc-bec/blancs-becs
Blanc-bois/blancs-bois
Blanc-étoc ou blanc-estoc/
blancs-étocs ou blancs-estocs
Blanche-taille/
blanches-tailles
Blanc-manger/
blancs-mangers

Blanc-seing/blancs-seings
Bloc-bain/blocs-bains
Bloc-croisée/blocs-croisées
Bloc-cuisine/blocs-cuisines
Bloc-cuisson/blocs-cuissons
Bloc-cylindres/blocs-cylindres
Bloc-diagramme/
blocs-diagrammes
Bloc-douche/blocs-douches
Bloc-eau/blocs-eau
Bloc-évier/blocs-éviers
Bloc-fenêtre/blocs-fenêtres
Bloc-film/blocs-films
Bloc-moteur/blocs-moteurs
Bloc-note/blocs-notes
Bloc-système/blocs-systèmes
Blue-jacket/blue-jackets
Blue-jean/blue-jeans
Bœuf/bœufs
Boisseau/boisseaux
Boîte à cigarettes/
boîtes à cigarettes
Boîte à couleurs/
boîtes à couleurs
Boîte à gants/boîtes à gants

Boîte à idées/boîtes à idées

Boîte à lait/boîtes à lait

Boîte à lettres/boîtes à lettres

Boîte à malice/
boîtes à malice

Boîte à messages/
boîtes à messages

Boîte à mouches/
boîtes à mouches

Boîte à musique/
boîtes à musique

Boîte à ordures/
boîtes à ordures

Boîte à outils/boîtes à outils

Boîte à ouvrage/
boîtes à ouvrage

Boîte à sable/boîtes à sable

Boîte à surprise/
boîtes à surprise

Boîte à tabac/boîtes à tabac

Boîte aux lettres/
boîtes aux lettres

Boîte de direction/
boîtes de direction

Boîte de nuit/boîtes de nuit

Boîte de secours/
boîtes de secours

Boîte de vitesses/
boîtes de vitesses

Boléro/boléros

Bon-bec/bons-becs

Bon-chrétien/bons-chrétiens

Bon enfant *invariable*
(adjectif)

Bonheur-du-jour/
bonheurs-du-jour

Bon marché *invariable*

Bonne-dame/bonnes-dames

Bonne-maman/
bonnes-mamans

Bon-papa/bons-papas

Boogie-woogie/
boogie-woogies

Bookmaker/bookmakers

Bootlegger/bootleggers

Bord-côtes/bords-côtes

Borne-fontaine/
bornes-fontaines

Borne frontière/
bornes frontières

Borne témoin/
bornes témoins
Boston/bostons
Bouche-à-bouche *invariable*
Bouche-bouteille ou
bouche-bouteilles/
bouche-bouteilles
Bouche-pores *invariable*
Bouche-trou/bouche-trous
Boucle-mémoire/
boucles-mémoires
Boui-boui/bouis-bouis
Bouillon-blanc/
bouillons-blancs
Boule de neige/boules de
neige (« jeu d'hiver »)
Boule-de-neige/
boules-de-neige (« fleur »)
Bourse-à-pasteur/
bourses-à-pasteur
Bout-de-pied/bouts-de-pied
Bout-de-sein/bouts-de-sein
Bout-de-table/bouts-de-table
Boute-en-train *invariable*
Boutefeu/boutefeux

Boute-selle *invariable*
Bouton-d'argent/
boutons-d'argent
Bouton-d'or/boutons-d'or
Bouton-poussoir/
boutons-poussoirs
Bouton-pression/
boutons-pression
Bout-rimé/bouts-rimés
Bouvet-jabloir/
bouvets-jabloirs
Bowling/bowlings
Bow-window/bow-windows
Box-calf/box-calfs
Boy-scout/boy-scouts
Bracelet-montre/
bracelets-montres
Brachial/brachiaux
Brachiale/brachiales
Brachiocéphalique/
brachiocéphaliques
Brains-storming/
brains-stormings
Brain-trust/brain-trusts
Branle-bas *invariable*

Branle-queue *invariable*
Bras-le-corps *invariable*
Bras raccourcis *invariable*
Brèche-dent *invariable*
Breitschwanz *invariable*
Bretzel/bretzels
Bric-à-brac *invariable*
Brick-goélette/
  bricks-goélettes
Brise-bise *invariable*
Brise-copeaux *invariable*
Brise-fer *invariable*
Brise-glace ou brise-glaces/
  brise-glace ou brise-glaces
Brise-jet *invariable*
Brise-lames *invariable*
Brise-mariage *invariable*
Brise-mottes *invariable*
Brise-soleil *invariable*
Brise-tourteau ou
  brise-tourteaux/
  brise-tourteau ou
  brise-tourteaux
Brise-tout *invariable*

Brise-vent *invariable*
Brise-vue/brise-vues
Broncho-pneumonie/
  broncho-pneumonies
Broyeuse-teilleuse/
  broyeuses-teilleuses
Brûle-gueule *invariable*
Brûle-parfum ou
  brûle-parfums/
  brûle-parfums
Brûle-queue/brûle-queue ou
  brûle-queues
Brûle-tout *invariable*
Bucco-dentaire/
  bucco-dentaires
Buisson-ardent/
  buissons-ardents
Bulldog/bulldogs
Bull-finch/bull-finches
Bull-terrier/bull-terriers
Bunker/bunkers
Burnous *invariable*
By-pass *invariable*

C comme...

Cacaoyer ou **cacaotier**/
 cacaoyers ou cacaotiers
Cache-cache *invariable*
Cache-col/cache-cols
Cache-corset/cache-corsets
Cache-couture *invariable*
Cache-entrée/cache-entrées
Cache-épouti ou **cache-
 époutil** ou **cache-époutis**/
 cache-épouti ou cache-
 époutil ou cache-époutis
Cache-flamme/
 cache-flammes
Cache-folie *invariable*
Cache-lumière *invariable*
Cache-mèche *invariable*
Cache-misère *invariable*
Cache-mouchoir *invariable*
Cache-museau/
 cache-museaux
Cache-nez *invariable*
Cache-peigne/cache-peignes

Cache platine *invariable*
Cache-pot/cache-pots
Cache-prise/cache-prises
Cache-poussière *invariable*
Cache-radiateur/
 cache-radiateurs
Cache-sexe/cache-sexes
Cache-tampon/
 cache-tampons
Cache-théière/cache-théières
Cachou/cachous
 (mais adjectif invariable)
Cadenas *invariable*
Cadre-cible/cadres-cibles
Caddie ou **caddy**/caddies
 ou caddys (au golf)
Caddie/Caddie (nom déposé)
 ou caddies (chariot de
 supermarché)
Cæcum/cæcums
Café-concert/cafés-concerts
Café crème/cafés crème

Café restaurant/
 cafés restaurants
Cafétéria/cafétérias
Café-théâtre/cafés-théâtres
Cagibi/cagibis
Caille-lait *invariable*
Caillou/cailloux
Cairn/cairns
Cake/cakes
Cake-walk/cake-walks
Cal/cals
Cale-pied/cale-pieds
Call-girl/call-girls
Camaïeu/camaïeux ou
 camaïeus
Camail/camails
Camion-citerne/
 camions-citernes
Camping-car/camping-cars
Camp volant/camps volants
Canapé-lit/canapés-lits
Canevas *invariable*
Canif/canifs
Canoë-kayak/canoës-kayaks

Canon-harpon/
 canons-harpons
Cantabile *invariable*
Cantaloup/cantaloups
Canzone/canzoni
Capharnaüm/capharnaüms
 (invariable s'il s'agit du
 nom de la ville)
Cap-hornier/cap-horniers
Capitan-pacha/
 capitans-pachas
Caporal-chef/
 caporaux-chefs
Caracal/caracals
Caraco/caracos
Caracul/caraculs
Caravansérail/caravansérails
Carbonaro/carbonari
Cardia/cardias
Cardio-rénal/cardio-rénaux
Cardio-rénale/cardio-rénales
Cardio-respiratoire/
 cardio-respiratoires
Cardio-vasculaire/
 cardio-vasculaires

Carême-prenant/ carêmes-prenants

Car-ferry/ car-ferries ou car-ferrys

Car-navette/ cars-navettes

Carpetbagger/ carpetbaggers

Carpo-métacarpien/ carpo-métacarpiens

Carte-lettre/ cartes-lettres

Carte-réponse/ cartes-réponse ou cartes-réponses

Carte-télégramme/ cartes-télégrammes

Carton-bois/ cartons-bois

Carton-cuir/ cartons-cuirs

Carton-feutre/ cartons-feutres

Carton-paille/ cartons-pailles

Carton-pâte/ cartons-pâtes

Carton-pierre/ cartons-pierres

Cartoon/ cartoons

Cartouche-amorce/ cartouches-amorces

Casse-chaîne/ casse-chaînes

Casse-cœur/ casse-cœurs

Casse-coke *invariable*

Casse-cou *invariable*

Casse-croûte *invariable*

Casse-cul *invariable*

Casse-dalle *invariable*

Casse-fer *invariable*

Casse-fil/ casse-fil ou casse-fils

Casse-fonte *invariable*

Casse-graine *invariable*

Casse-gueule *invariable*

Casse-lunette ou casse-lunettes/ casse-lunette ou casse-lunettes

Casse-mariage *invariable*

Casse-mèche/ casse-mèches

Casse-motte/ casse-motte ou casse-mottes

Casse-museau/ casse-museau ou casse-museaux

Casse-noisettes *invariable*

Casse-noix *invariable*

Casse-noyaux *invariable*

Casse-pattes *invariable*

Casse-pieds *invariable*

Casse-pierre ou casse-pierres/casse-pierre ou casse-pierres

Casse-pipe ou casse-pipes/casse-pipe ou casse-pipes

Casse-poitrine *invariable*

Casse-pot/casse-pot ou casse-pots

Casse-sucre *invariable*

Casse-tête *invariable*

Casse-trame *invariable*

Casse-vitesse *invariable*

Casus belli *invariable*

Catacombe/catacombes

Centre-ville/centres-ville ou centres-villes

Cerf-volant/cerfs-volants

Cerf-voliste/cerfs-volistes

Cessez-le-feu *invariable*

Chacal/chacals

Cha-cha-cha *invariable*

Chaland-citerne/chalands-citernes

Châle-tapis/châles-tapis

Chalk-stream/chalk-streams

Chambre à air/chambres à air

Chambre-magasin/chambres-magasins

Chante-perce *invariable*

Chantoung ou shantung/chantoungs ou shantungs

Charte-partie/chartes-parties

Chasse-abeilles *invariable*

Chasse à courre/chasses à courre

Chasse-carrée *invariable*

Chasse-clou/chasse-clous

Chasse-coin ou chasse-coins/chasse-coins

Chasse-coquin/chasse-coquin ou chasse-coquins

Chasse-crapaud/chasse-crapaud ou chasse-crapauds

Chassé-croisé/chassés-croisés

Chasse-fusée/chasse-fusées

Chasse-goupille/chasse-goupille ou chasse-goupilles

Chasse-marée *invariable*

Chasse-mouches *invariable*

Chasse-neige *invariable*

Chasse-noix *invariable*

Chasse-peau *invariable*

Chasse-pierres *invariable*

Chasse pointe/chasse-pointe ou chasse-pointes

Chasse-rivet/chasse-rivet ou chasse-rivets

Chasse-rondelle/ chasse-rondelle ou chasse-rondelles

Chasse-roue/chasse-roues

Chasse-tampon/ chasse-tampons

Chasse-vase *invariable*

Châssis-frein/châssis-freins

Châssis-presse/ châssis-presses

Châssis-support/ châssis-supports

Chat-cervier/chats-cerviers

Château d'eau/ châteaux d'eau

Château fort/châteaux forts

Chat-huant/chats-huants

Chat-pard/chats-pards

Chat-tigre/chats-tigres

Chauche-poule/chauche-poule ou chauche-poules

Chaude-lance/chaudes-lances

Chaud-froid/chauds-froids

Chaud lapin/chauds lapins

Chauffe-assiette ou chauffe-assiettes/ chauffe-assiettes

Chauffe-bain/chauffe-bains

Chauffe-biberon/ chauffe-biberons

Chauffe-cire *invariable*

Chauffe-doux *invariable*

Chauffe-eau *invariable*

Chauffe-fer ou chauffe-fers/ chauffe-fers

Chauffe-la-couche *invariable*

Chauffe-linge/chauffe-linge ou chauffe-linges

Chauffe-lit/chauffe-lit ou chauffe-lits

Chauffe-mains *invariable*

Chauffe-moût *invariable*

Chauffe-pieds *invariable*

Chauffe-plat/chauffe-plats

Chauffeur-livreur/
chauffeurs-livreurs

Chausse-pied/chausse-pieds

**Chausse-trappe ou
chausse-trape**/ chausse-
trappes ou chausse-trapes

Chauve-souris/
chauves-souris

Check-list/check-lists

Check-up *invariable*

**Cheesburger ou
cheese-burger**/
cheeseburgers ou
cheese-burgers

Cheese-cake/cheese-cakes

Chef-d'œuvre/chefs-d'œuvre

Chef-lieu/chefs-lieux

Chelem/chelems

Chemin de fer/
chemins de fer

Chêne-liège/chênes-lièges

Cherche-fuite *invariable*

Cherche-pointe *invariable*

Cherche-pôles *invariable*

Chéroub ou chéru/
chéroubim ou chérubim

Cherry/cherries ou cherrys

Cherry-brandy/
cherry-brandies

Cheval-d'arçons *invariable*
ou chevaux-d'arçons

Cheval de bataille/
chevaux de bataille

Cheval de bois/
chevaux de bois

Cheval de course/
chevaux de course

Cheval de frise/
chevaux de frise

Cheval de retour/
chevaux de retour

Cheval de selle/
chevaux de selle

Cheval de trait/
chevaux de trait

Cheval marin/
chevaux marins

Cheval-vapeur/
chevaux-vapeur
Chevau-léger/chevau-légers
Chèvre-pied ou
chèvre-pieds/chèvre-pieds
Chien-assis/chiens-assis
Chien-loup/chiens-loups
Chiffre-taxe/chiffres-taxes
Chimico-légal/
chimico-légaux
Chimico-légale/
chimico-légales
Chirurgien-dentiste/
chirurgiens-dentistes
Choral/choraux
(comme adjectif)
Choral/chorals (comme nom)
Chorus *invariable*
Chou/choux
Chou-fleur/choux-fleurs
Chou-navet/choux-navets
Chou palmiste/
choux palmistes
Chou-rave/choux-raves
Chow-chow/chows-chows

Christ *invariable*
(le personnage religieux)
Christ/christs (objet de piété)
Ci-annexé/ci-annexés
*(reste au singulier au début
d'une phrase)*
Ci-annexée/ci-annexées
*(invariable au début d'une
phrase)*
Ci-devant *invariable*
Ci-inclus *invariable*
Ci-incluse/ci-incluses
*(invariable au début d'une
phrase)*
Ci-joint/ci-joints *(reste au
singulier au début d'une
phrase)*
Ci-jointe/ci-jointes *(invariable
au début d'une phrase)*
Ciné-club/ciné-clubs
Ciné-parc/ciné-parcs
Cinéroman/cinéromans
Cinq à sept ou **cinq-à-sept**
invariable

Circuit-bouchon/
circuits-bouchons
Circuit-filtre/circuits-filtres
Cirrocumulus *invariable*
Cirrostratus *invariable*
Cité-dortoir/cités-dortoirs
Cité-jardin/cités-jardins
Clafoutis *invariable*
Claire-voie/claires-voies
Clair-obscur/clairs-obscurs
Clic-Clac *invariable*
(marque déposée)
Clin d'œil/clins d'œil
Clipper/clippers
Cloche-pied (à) *locution
adverbiale toujours
employée au singulier*
Clopin-clopant *adverbe
invariable*
Coal-car/coal-cars
Cockney/cockneys
(*adjectif invariable*)
Code-barres/codes-barres
Coffre-fort/coffres-forts
Coin de feu/coins de feu

Cold cream *invariable
(nom déposé)*
Col-bleu/cols-bleus
Col de cygne/cols de cygne
Colin-maillard/
colin-maillards
Colin-tampon *toujours
employé au singulier*
Collier-douche/
colliers-douches
Col-marin/cols-marins
Col-vert ou colvert/
cols-verts ou colverts
Commis-greffier/
commis-greffiers
Commissaire-priseur/
commissaires-priseurs
Commis voyageur/
commis voyageurs
Compas-étalon/
compas-étalons
Compère-loriot/
compères-loriots
Compte courant/
comptes courants

Compte-fils *invariable*
Compte-gouttes *invariable*
Compte-pas *invariable*
**Compte rendu ou
compte-rendu**/ comptes
rendus ou comptes-rendus
Compte-secondes *invariable*
Compte-tours *invariable*
Condominium/
condominiums
Conducteur électricien/
conducteurs électriciens
Cône-ancre/cônes-ancres
Cône en cône *invariable*
Confetti/confetti ou confettis
Confit de canard/
confits de canard
Confit d'oie/confits d'oie
Congé payé/congés payés
*(employé généralement
au pluriel)*
Congé sans solde/
congés sans solde
Conjoncteur-disjoncteur/
conjoncteurs-disjoncteurs

Contacteur-disjoncteur/
contacteurs-disjoncteurs
Contralto/contraltos
Contre-accusation/
contre-accusations
Contre-aiguille/
contre-aiguilles
Contre-alizé/contre-alizés
Contre-allée/contre-allées
Contre-altiste/contre-altistes
Contre-amiral/
contre-amiraux
Contre-appel/contre-appels
Contre-appui/contre-appuis
Contre-arc/contre-arcs
Contre-arêtière/
contre-arêtières
Contre-assurance/
contre-assurances
Contre-attaque/
contr-attaques
Contre-aube/contre-aubes
Contre-balancier/
contre-balanciers

Contre-bascule/
  contre-bascules
Contre-bâti/contre-bâtis
Contre-batteur/
  contre-batteurs
Contre-biais *invariable*
Contre-bourgeon/
  contre-bourgeons
Contre-boutant/
  contre-boutants
Contre-cacatois *invariable*
Contre-calque/contre-calques
Contre-caniveau/
  contre-caniveaux
Contre-caution/
  contre-cautions
Contre-chambranle/
  contre-chambranles
Contrechamp/contrechamps
Contre-change/
  contre-changes
Contre-chant/contre-chants
Contre-châssis ou
  contrechâssis *invariable*
Contre-choc ou contrechoc/

contre-chocs ou
  contrechocs
Contre-corbeau/
  contre-corbeaux
Contre-courant/
  contre-courants *(invariable*
  pour « à contre-courant »)
Contre-courbe/
  contre-courbes
Contre-coussinet/
  contre-coussinets
Contre-culture/
  contre-cultures
Contre-dégagement/
  contre-dégagements
Contre-dénonciation/
  contre-dénonciations
Contre-digue/contre-digues
Contre-éclisse/contre-éclisses
Contre-écrou/contre-écrous
Contre-électromotrice/
  contre-électromotrices
Contre-émail/contre-émaux
Contre-emploi/
  contre-emplois

Contre-empreinte/
contre-empreintes

Contre-enquête/
contre-enquêtes

Contre-épaulette/
contre-épaulettes

Contre-épreuve/
contre-épreuves

Contre-espalier/
contre-espaliers

Contre-espionnage/
contre-espionnages

Contre-essai/contre-essais

Contre-estampe/
contre-estampes

Contre-exemple/
contre-exemples

Contre-expert/contre-experts

Contre-expertise/
contre-expertises

Contre-extension/
contre-extensions

Contre-fenêtre/
contre-fenêtres

Contre-fer/contre-fers

Contre-feu/contre-feux

Contre-feuillure/
contre-feuillures

Contrefiche/contrefiches

Contre-fil/contre-fils

Contre-filet/contre-filets

Contre-forme/contre-formes

Contre-fossé/contre-fossés

Contre-garde/contre-gardes

Contre-gouvernement/
contre-gouvernements

Contre-guérilla/
contre-guérillas

Contre-hachure/
contre-hachures

Contre-hâtier/contre-hâtiers

Contre-haut (en) *invariable*

Contre-hermine/
contre-hermines

Contre-hus *invariable*

Contre-imbrication/
contre-imbrications

Contre-indication/
contre-indications

Contre-jour/contre-jours, *invariable pour « à contre-jour »*

Contre-la-montre *invariable*

Contre-latte/contre-lattes

Contre-lattoir/contre-lattoirs

Contre-lettre/contre-lettres

Contre-manifestant/ contre-manifestants

Contre-manifestation/ contre-manifestations

Contre-manœuvre/ contre-manœuvres

Contre-marée/contre-marées

Contre-mesure/ contre-mesures

Contre-mine/contre-mines

Contre-mur/contre-murs

Contre-offensive/ contre-offensives

Contre-ordre ou contrordre/ contre-ordres ou contrordres

Contre-pas *invariable*

Contre-passation/ contre-passations

Contre-pente/contre-pentes

Contre-performance/ contre-performances

Contre-pied/contre-pieds *invariable dans « à contre-pied »*

Contreplacage/contreplacages

Contre-plainte/contre-plaintes

Contreplaqué/contreplaqués

Contre-platine/contre-platines

Contre-plongée/ contre-plongées

Contrepoids *invariable*

Contre-pointe/contre-pointes

Contre-porte/contre-portes

Contre-pouvoir/ contre-pouvoirs

Contre-préparation/ contre-préparations

Contre-pression/ contre-pressions

Contre-prestation/ contre-prestations

Contre-projet ou contreprojet/
contre-projets ou
contreprojets

Contre-propagande/
contre-propagandes

Contre-proposition/
contre-propositions

Contre-publicité/
contre-publicités

Contre-rail/contre-rails

Contre-réaction/
contre-réactions

Contre-révolution/
contre-révolutions

Contre-révolutionnaire/
contre-révolutionnaires

Contre-saison/contre-saisons

Contre-société/contre-sociétés

Contre-sujet/contre-sujets

Contre-taille/contre-tailles

Contre-terrorisme/
contre-terrorismes

Contre-terroriste/
contre-terroristes

Contre-timbre/
contre-timbres

Contre-torpilleur/
contre-torpilleurs

Contre-transfert/
contre-transferts

Contre-valeur/contre-valeurs

Contre-vapeur *invariable*

Contre-visite/contre-visites

Contre-voie/contre-voies

Copie conforme/
copies conformes

Coq-à-l'âne *invariable*

Coraco-brachial/
coraco-brachiaux

Coraco-brachiale/
coraco-brachiales

Coraco-huméral/
coraco-huméraux

Coraco-humérale/
coraco-humérales

Corbeille-d'argent/
corbeilles-d'argent

Corde-de-chat/
cordes-de-chat

Cordon-bleu/cordons-bleus

Corps-mort/corps-morts

Corset-ceinture/
corsets-ceintures

Costo-transversaire/
costo-transversaires

Costo-transversectomie/
costo-transversectomies

Costo-vertébral/
costo-vertébraux

Costo-vertébrale/
costo-vertébrales

Costume marin/
costumes marins

Cosy-corner/cosies-corners
ou cosy-corners

Coton-collodion/
cotons-collodions

Coton-cordonnet/
cotons-cordonnets

Coton-poudre/
cotons-poudre

Coton-Tige ou coton-tige/
Coton-Tige *(marque
déposée)* ou cotons-tiges

Couche-culotte/
couches-culottes

Couche-point/
couche-points

Cou coupé/cous coupés

Coude-à-coude (au) *locution
adverbiale invariable*

Cou-de-pied/cous-de-pied

Coulée arrière/
coulées arrière

Coulis *invariable*

Coup cinglant/
coups cinglants

Coup-de-poing/
coups-de-poing

Coup d'œil/coups d'œil

Coupe-batterie/
coupe-batteries

Coupe-bordure/
coupe-bordure ou
coupe-bordures

Coupe-bourgeon/
coupe-bourgeons

Coupe-cheville/
coupe-chevilles

Coupe-chou ou
  coupe-choux/ coupe-choux
Coupe-cigare ou
  coupe-cigares/
  coupe-cigares
Coupe-circuit/coupe-circuits
Coupe-cors *invariable*
Coupe-coupe *invariable*
Coupe-faim *invariable*
Coupe-feu *invariable*
Coupe-feuilles *invariable*
Coupe-file/coupe-files
Coupe-foin *invariable*
Coupe-gaz *invariable*
Coupe-gorge *invariable*
Coupe-jambon *invariable*
Coupe-jarret/coupe-jarrets
Coupe-lande *invariable*
Coupe-légumes *invariable*
Coupé-lit/coupés-lits
Coupe-mottes *invariable*
Coupe-ongle ou
  coupe-ongles/coupe-ongles
Coupe-oreilles *invariable*
Coupe-paille *invariable*

Coupe-papier/coupe-papier
  ou coupe-papiers
Coupe-pâte *invariable*
Coupe-queue/coupe-queues
Coupe-racine ou
  coupe-racines/
  coupe-racines
Coupe-sucre *invariable*
Coupe-tête *invariable*
Coupe-tirage *invariable*
Coupe-tube *invariable*
Coupe-vent *invariable*
Coupe-verre *invariable*
Cou-rouge/cous-rouges
Course-croisière/
  courses-croisières
Course-poursuite/
  courses-poursuites
Court-bouillon/
  courts-bouillons
Court-circuit/courts-circuits
Courte-graisse/
  courtes-graisses
Courte-lettre/courtes-lettres
Courtes-cornes *invariable*

Courte-soie *invariable*
Courtes-pattes *invariable*
Court-vêtu/court-vêtus
Court-vêtue/court-vêtues
Coût-venant/coûts-venants
Couvre-amorce/
  couvre-amorces
Couvre-barbe/couvre-barbes
Couvre-bouche/
  couvre-bouches
Couvre-canon/
  couvre-canons
Couvre-chef/couvre-chefs
Couvre-culasse/
  couvre-culasses
Couvre-feu/couvre-feux
Couvre-joint/couvre-joints
Couvre-lit/couvre-lits
Couvre-livre/couvre-livres
Couvre-lumière/
  couvre-lumières
Couvre-nuque/
  couvre-nuques
Couvre-objet/couvre-objets

Couvre-percuteur/
  couvre-percuteurs
**Couvre-pied ou
  couvre-pieds**/couvre-pieds
Couvre-plat/couvre-plats
Couvre-platine/
  couvre-platines
Couvre-radiateur/
  couvre-radiateurs
Couvre-shako/couvre-shakos
Couvre-théière/
  couvre-théières
Cover-girl/cover-girls
Cow-boy/cow-boys
Cow-catcher/cow-catchers
Cow-pox *invariable*
Crédit-bail/crédits-bails
Crème-poudre/
  crèmes-poudres
Crémier-glacier/
  crémiers-glaciers
Crescendo/crescendo ou
  crescendos, *adverbe
  invariable « aller crescendo »*
Crête-de-coq/crêtes-de-coq

Crève-cœur *invariable*

Crève-la-faim *invariable*

Crève-tonneau *invariable*

Crève-vessie/crève-vessie
ou crève-vessies

Cri à Dieu/cris à Dieu

Crico-aryténoïdien/
crico-aryténoïdiens

Crico-thyroïdien/
crico-thyroïdiens

Cricri ou cri-cri/
cricris ou cris-cris

Cric tenseur/crics tenseurs

Cristallo-électrique/
cristallo-électriques

Croc-en-jambe/
crocs-en-jambe

Croche-patte/croche-pattes

Croche-pied/croche-pieds

Crochet-bascule/
crochets-bascules

Croiseur-cuirassé/
croiseurs-cuirassés

Croque-au-sel (à la) *locution
adverbiale, invariable*

Croque-madame *invariable*

Croquembouche/
croquembouches

**Croque-mitaine ou
croquemitaine**/croque-
mitaines ou croquemitaines

Croque-monsieur *invariable*

Croque-mort/croque-morts

Croque-noisette/
croque-noisettes

Croque-noix *invariable*

Croque-note/croque-notes

Cross-country/cross-countrys
cross-countries

Crossing-over *invariable*

Cross-leg *invariable*

Crush-injury/crush-injuries

Cueille-fruits *invariable*

Cui-cui *invariable*

Cuisse-de-nymphe/
cuisses-de-nymphe

Cuisseau/cuisseaux
(pour le veau)

Cuissot/cuissots
(pour le gros gibier)

Cuit-légumes *invariable*
Cuit-œufs *invariable*
Cul béni/culs bénis
Cul-blanc/culs-blancs
Cul-brun/culs-bruns
Cul-de-basse-fosse/
  culs-de-basse-fosse
Cul-de-four/culs-de-four
Cul-de-jatte/culs-de-jatte
Cul-de-lampe/culs-de-lampe
Cul-de-niche/culs-de-niche
Cul de-porc/culs-de-porc
Cul-de-pot/culs-de-pot
Cul-de-poulain/
  culs-de-poulain
Cul-de-poule/culs-de-poule
Cul-de-sac/culs-de-sac
Cul de singe/culs de singe
Cul-doré/culs-dorés
Cul-rousselet/culs-rousselets
Cul-terreux/culs-terreux
Cumulonimbus *invariable*
Cumulostratus *invariable*
Cumulo-volcan/
  cumulo-volcans

Cuproalliage/cuproalliages
Cuproaluminiun/
  cuproaluminiums
Cuproammoniacal/
  cuproammoniacaux
Cuproammoniacale/
  cuproammoniacales
Cure-dent ou cure-dents/
  cure-dents
Cure-feu *invariable*
Cure-langue *invariable*
Cure-môle/cure-môles
Cure-ongle ou cure-ongles/
  cure-ongles
**Cure-oreille ou
  cure-oreilles**/ cure-oreilles
Cure-pied/cure-pieds
Cure-pipe ou cure-pipes/
  cure-pipes
Curriculum vitæ *invariable*
Cuti-réaction/cuti-réactions
Cyclo-cross *invariable*
Cylindraxe ou cylindre-axe/
  cylindraxes ou
  cylindres-axes

Cylindre-sceau/
cylindres-sceaux
Cylindro-conique/
cylindro-coniques

Cylindro-ogival/
cylindro-ogivaux
Cylindro-ogivale/
cylindro-ogivales

D comme...

Dalaï-lama/dalaï-lamas
Dame blanche/
dames blanches
Dame-d'onze-heures/
dames-d'onze-heures
Dame-jeanne/dames-jeannes
Dame-ronde/dames-rondes
Dancing/dancings
Décret-loi/décrets-lois
Décrochez-moi-ça *invariable*
Dégrade-joint/dégrade-joints
Délai-congé/délais-congés
Delirium tremens *invariable*
Delto-pectoral/
delto-pectoraux

Delto-pectorale/
delto-pectorales
Demi-aile/demi-ailes
Demi-bas *invariable*
Demi-bec/demi-becs
Demi-botte/demi-bottes
Demi-bouteille/
demi-bouteilles
Demi-cercle/demi-cercles
Demi-circulaire/
demi-circulaires
Demi-clé ou demi-clef/
demi-clés ou demi-clefs
Demi-colonne/
demi-colonnes

Demi-contre/demi-contres

Demi-couronne/
  demi-couronnes

Demi-croix *invariable*

Demi-cuirasse/
  demi-cuirasses

Demi-deuil/demi-deuils

Demi-dieu/demi-dieux

Demi-doux *invariable*

Demi-douzaine/
  demi-douzaines

Demi-droite/demi-droites

Demi-dur/demi-durs

Demi-échec/demi-échecs

Demi-espace/demi-espaces

Demi-fin/demi-fins

Demi-finale/demi-finales

Demi-florin/demi-florins

Demi-folle/demi-folles

Demi-fond *toujours*
  employé au singulier

Demi-frère/demi-frères

Demi-glace/demi-glaces

Demi-gros *invariable*

Demi-heure/demi-heures

Demi-jour/demi-jour ou
  demi-jours

Demi-journée/demi-journées

Demi-litre/demi-litres

Demi-longue/demi-longues

Demi-longueur/
  demi-longueurs

Demi-louis *invariable*

Demi-lune/demi-lunes

Demi-main/demi-mains

Demi-mal/demi-maux

Demi-mot/demi-mots
  invariable pour
  « à demi-mot »

Demi-mesure/demi-mesures

Demi-métal/demi-métaux

Demi-mondaine/
  demi-mondaines

Demi-mort/demi-morts

Demi-napoléon/
  demi-napoléons

Demi-palier/demi-paliers

Demi-pause/demi-pauses

Demi-pension/demi-pensions

Demi-pensionnaire/
demi-pensionnaires

Demi-pièce/demi-pièces

Demi-place/demi-places

Demi-plan/demi-plans

Demi-portion/demi-portions

Demi-produit/demi-produits

Demi-relief/demi-reliefs

Demi-ronde/demi-rondes

Demi-saison/demi-saisons

Demi-sang *invariable*

Demi-sel *invariable*

Demi-siècle/demi-siècles

Demi-sœur/demi-sœurs

Demi-solde/demi-soldes *(s'il
s'agit d'une rémunération)*

Demi-solde *invariable
(s'il s'agit d'un soldat)*

Demi-sommeil/
demi-sommeils

Demi-soupir/demi-soupirs

Demi-succès *invariable*

Demi-tarif/demi-tarifs

Demi-teinte/demi-teintes

Demi-ton/demi-tons

Demi-tonneau/
demi-tonneaux

Demi-tour/demi-tours

Demi-vierge/demi-vierges

Demi-volte/demi-voltes

Démocrate-chrétien/
démocrates-chrétiens

Démocrate-chrétienne/
démocrates-chrétiennes

Démonte-pneu/
démonte-pneus

Dent-de-cheval/
dents-de-cheval

Dent-de-chien/dents-de-chien

Dent-de-lion/dents-de-lion

Dent-de-loup/dents-de-loup

Dent-de-rat/dents-de-rat

Dent de scie/dents de scie

Dépens *toujours employé
au pluriel*

Député-maire/députés-maires

Députée-maire/
députées-maires

Dernier-né/derniers-nés

Dernière-née/dernières-nées

Desiderata *toujours*
employé au pluriel
Dessinateur-cartographe/
dessinateurs-cartographes
Dessous-de-bouteille
invariable
Dessous-de-bras *invariable*
Dessous-de-plat *invariable*
Dessous-de-table *invariable*
Dessus-de-cheminée
invariable
Dessus-de-lit *invariable*
Dessus-de-plat *invariable*
Dessus-de-porte *invariable*
Dessus-de-table *invariable*
Détritus *invariable*
Deutsche Mark *invariable*
Deux-huit *invariable*
Deux-mâts *invariable*
Deux-pièces (vêtement) ou
deux-pièces (appartement)
invariable
Deux-points *invariable*
Deux-ponts *invariable*
Deux-quatre *invariable*

Deux-seize *invariable*
Devise-titre/devises-titres
Dey/deys
Diapo/diapos
Dico/dicos
Diesel-électrique/
diesels-électriques
Diesel-hydraulique/
diesels-hydrauliques
Diesel-oil/diesels-oils
Dies irae *invariable*
Distinguo/distinguos
Dog-cart/dog-carts
Doléances *toujours employé*
au pluriel
Domanial/domaniaux
Domaniale/domaniales
Dompte-venin *invariable*
Dorso-lombaire/
dorso-lombaires
Dos-d'âne *invariable*
Dosseuse-niveleuse/
dosseuses-niveleuses
Dossier-machine/
dossiers-machines

Double-apprêt/
doubles-apprêts

Double-as/doubles-as

Double-bécassine/
doubles-bécassines

Double-chœur/
doubles-chœurs

Double-clic/doubles-clics

Double-commande/
doubles-commandes

Double-corde/doubles-cordes

Double-corps/doubles-corps

Double-crème/
doubles-crèmes

Double-croche/
doubles-croches

Double-dé/doubles-dés

Double-deux/doubles-deux

Double-étoffe/
doubles-étoffes

Double-face/doubles-faces

Double-flux/doubles-flux

Double-fond/doubles-fonds

Double-mètre/doubles-mètres

Double-pli/doubles-plis

Double-quatre/
doubles-quatre

Double-rideau/
doubles-rideaux

Double-six/doubles-six

Double-toit/doubles-toits

Double-trois/doubles-trois

Douce-amère/douces-amères

Doux/doux

Doux-amer/doux-amers

Douze *invariable*

Douze-huit *invariable*

Drap feutre/draps feutres

Drap-housse/draps-housses

Droit-fil/droits-fils

Drop-goal/drop-goals

Dry-farmer/dry-farmers

Duché-pairie/duchés-pairies

Duplicata/duplicata ou
duplicatas

Dur à cuire/durs à cuire

Dure-mère/dures-mères

E comme...

Eau bénite/eaux bénites
Eau d'arquebuse/
  eaux d'arquebuse
Eau de Cologne/
  eaux de Cologne
**Eau de fleur d'oranger ou
  eau de fleurs d'oranger**/
  eaux de fleur d'oranger ou
  eaux de fleurs d'oranger
Eau de Javel/eaux de Javel
Eau de lavande/
  eaux de lavande
Eau de riz/eaux de riz
Eau de roche/eaux de roche
Eau de rose/eaux de rose
Eau de Seltz/eaux de Seltz
Eau-de-vie/eaux-de-vie
Eau douce/eaux douces
Eau-forte/eaux-fortes
Eau lourde/eaux lourdes
Eau minérale/eaux minérales
Eau morte/eaux mortes

Eau oxygénée/
  eaux oxygénées
Eau régale/eaux régales
Eau vive/eaux vives
Eaux et forêts *toujours
  employé au pluriel*
Éboulis *invariable*
Échalas *invariable*
Écoute-s'il-pleut *invariable*
Écrouelles *toujours employé
  au pluriel*
Électro/électros
Électroacoustique/
  électroacoustiques
Électroaimant/électroaimants
Électroencéphalogramme/
  électroencéphalogrammes
Électroencéphalographie/
  électroencéphalographies
Électro-optique/
  électro-optiques

Électro-osmose/
électro-osmoses
Électron-gramme/
électrons-gramme
Électron-trou/électrons-trou
Électron-volt/électrons-volt
Elzévir/elzévirs
Émail/émaux
Émail/émails
*(pour les produits de
beauté ou les peintures)*
Emporte-pièce/
emporte-pièce ou
emporte-pièces *(invariable
dans « à l'emporte-pièce »)*
En-avant *invariable*
En-but *invariable*
En-cas ou encas *invariable*
Enfile-aiguille/enfile-aiguilles
Enfle-bœuf/enfle-bœufs
En-tête/en-têtes
Entracte/entractes
Entre-bande ou entrebande/
entre-bandes ou entrebandes
Entre-déchirement/
entre-déchirements
Entre-deux ou entredeux
invariable
Entre-deux-guerres
invariable
Entre-deux-mers *invariable*
Entrefaite/entrefaites
**Entre-fenêtre ou
entrefenêtre/**
entre-fenêtres ou
entrefenêtres
Entrejambe/entrejambes
Entrelacs *invariable*
Entre-nerf ou entre-nerfs/
entre-nerfs
Entrenœud ou entre-nœud/
entrenœuds ou entre-nœuds
Entre-plant/entre-plants
Entre-rail ou entrerail/
entre-rails ou entrerails
Entre-temps ou entretemps
invariable
Entre-travée/entre-travées
Épaulé-jeté/épaulés-jetés
Épieu/épieux

Épine-vinette/épines-vinettes
Épouvantail/épouvantails
Époux *invariable*
Épouse/épouses
Équerre-graphomètre/
équerres-graphomètres
Équerre-niveau/
équerres-niveaux
Espace-temps/espaces-temps
Esprit-de-bois/esprits-de-bois
Esprit-de-sel/esprits-de-sel
Esprit-de-vin/esprits-de-vin
Essuie-glace/essuie-glaces
Essuie-mains *invariable*
Essuie-meubles *invariable*
Essuie-pieds *invariable*
Essuie-plume/essuie-plumes
Essuie-tout *invariable*
**Essuie-verre ou
essuie-verres**/essuie-verres
État-major/états-majors
Étau/étaux
Étau-limeur/étaux-limeurs
Eurodollar/eurodollars
Ex *invariable*

Ex-libris *invariable*
Exocet/exocets
Expert-comptable/
experts-comptables
Extra *invariable*
**Extra-conjugal ou
extraconjugal**/
extra-conjugaux ou
extraconjugaux
**Extra-conjugale ou
extraconjugale**/
extra-conjugales ou
extraconjugales
Extra-doux ou extradoux
invariable
Extra-douce ou extradouce/
extra-douces ou extradouces
Extra-dry *invariable*
Extra-dur ou extradur/
extra-durs ou extradurs
Extra-dure ou extradure/
extra-dures ou extradures
Extra-dural/extra-duraux
Extra-durale/extra-durales
Extra-fin ou extrafin/

extra-fins ou extrafins
Extra-fine ou extrafine/
extra-fines ou extrafines
Extra-fort ou extrafort/
extra-forts ou extraforts
Extra-forte ou extraforte/
extra-fortes ou extrafortes
Extragalactique/
extragalactiques
Extra-humain/extra-humains
Extra-humaine/
extra-humaines
Extrajudiciaire/
extrajudiciaires
Extra-légal ou extralégal/
extra-légaux ou extralégaux
Extra-légale ou extralégale/
extra-légales ou extralégales
Extra-lucide ou extralucide/
extra-lucides ou extralucides
Extra-organique/
extra-organiques
**Extra-parlementaire ou
extraparlementaire/**
extra-parlementaires ou
extraparlementaires
**Extra-professionnel ou
extraprofessionnel/**
extra-professionnels ou
extraprofessionnels
**Extra-professionnelle ou
extraprofessionnelle/**
extra-professionnelles ou
extraprofessionnelles
**Extra-sensible ou
extrasensible/**
extra sensibles ou
extrasensibles
**Extra-sensoriel ou
extrasensoriel/**
extra-sensoriels ou
extrasensoriels
**Extra-sensorielle ou
extrasensorielle/**
extra-sensorielles ou
extrasensorielles
**Extra-statutaire ou
extrastatutaire/**
extra-statutaires ou
extrastatutaires

**Extra-terrestre ou
  extraterrestre**/
  extra-terrestres ou
  extraterrestres
Extra-utérin/extra-utérins
Extra-utérine/extra-utérines
Extrême-onction/
  extrêmes-onctions

Extrême-oriental/
  extrême-orientaux
Extrême-orientale/
  extrême-orientales
Ex-voto *invariable*

F comme...

Face-à-face *invariable*
Face-à-main/faces-à-main
Fac-similé/fac-similés
Factotum/factotums
Facture-congé/
  factures-congés
Fahrenheit *invariable*
Faire-part *invariable*
Faire-valoir *invariable*
Fair-play *invariable*
Fait divers ou fait-divers/

faits divers ou faits-divers
Fait-tout ou faitout/
  fait-tout ou faitouts
Fanal/fanaux
Fasce-pal/fasces-pals
Faucheuse-essoreuse/
  faucheuses-essoreuses
**Faucheuse-hacheuse-
  chargeuse**/
  faucheuses-hacheuses-
  chargeuses

Fausse couche/
fausses couches
Fausse équerre/
fausses équerres
Fausse monnaie/
fausses monnaies
Fausse-route/fausses-routes
Faux bois *invariable*
Faux-bourdon/faux-bourdons
Faux-bord/faux-bords
Faux col/faux cols
Faux-filet/faux-filets
Faux-fuyant/faux-fuyants
Faux jour/faux jours
Faux-jeton/faux-jetons
Faux-monnayeur/
faux-monnayeurs
Faux nez *invariable*
Faux-quartier/faux-quartiers
Faux-semblant/
faux-semblants
Faux-sens *invariable*
Faux témoin/faux témoins
Faux témoignage/
faux témoignages

Feld-maréchal/
feld-maréchaux
Feldspath/feldspaths
Fer-à-cheval (plante) **ou fer
à cheval** (pour les sabots)/
fers-à-cheval ou fers à cheval
Fer-blanc/fers-blancs
Fer de lance/fers de lance
Fer-de-moulin/
fers-de-moulin
Ferme-imposte *invariable*
Ferroalliage/ferroalliages
Ferroaluminium/
ferroaluminiums
Ferrobactériales *toujours
employé au pluriel*
Ferry-boat/ferry-boats
Fête-Dieu/Fête-Dieu ou
Fêtes-Dieu
Feu d'artifice/feux d'artifice
Feu de Bengale/feux de
Bengale
Feu de camp/feux de camp
Feuille-de-sauge/
feuilles-de-sauge (« bistouri »)

Feuille morte/feuilles mortes

Feuille-morte/
feuilles-mortes (papillon)

Feuille-morte *invariable*
(adjectif de couleur)

Fiançailles *toujours employé
au pluriel*

Fiasco/fiascos

Fibrociment *(nom déposé
invariable)*

Fiche-échalas *invariable*

Fier-à-bras/
fier-à-bras ou fiers-à-bras

Fifty-fifty *invariable*
(« moitié-moitié »)

Fifty-fifty/fifty-fifties
(terme de marine)

Fil de fer/fils de fer

Fildefériste/fildeféristes

Film-pack/film-packs

Filon-couche/filons-couches

Filou/filous

Filtre-presse/filtres-presses

Filtre-tambour/
filtres-tambours

Fine de claire/fines de claire

Finno-ougrien/
finno-ougriens

Finno-ougrienne/
finno-ougriennes

Fire-director/fire-directors

Fisc *toujours employé au
singulier*

Fistulo-entérostomie/
fistulo-entérostomies

Fistulogastrostomie/
fistulogastrostomies

Fistulographie/fistulographies

Fixe-bouchon/fixe-bouchons

Fixe-chaussette/
fixe-chaussettes

Fixe-fruit/fixe-fruits

Fixe-nappe/fixe-nappes

Fixc-point *invariable*

Fjord/fjords

Flambant neuf/flambant
neuf ou flambant neufs

Flambant neuve/flambant
neuve ou flambant neuves

Flanc-garde/flancs-gardes

Flash-back/flash-back ou flash-backs

Fleur bleue *invariable quand il s'agit d'« être fleur bleue »*

Flic flac *invariable* (expression « faire flic flac »)

Flic-flac *invariable* (comme onomatopée)

Flip-flap *invariable*

Flock-book/flock-books

Flonflon/flonflons

Fluvio-marin/fluvio-marins

Fluvio-marine/fluvio-marines

Fœto-maternel/fœto-maternels

Fœto-maternelle/fœto-maternelles

Foie-de-bœuf/foies-de-bœuf (champignon)

Foire-échantillon/foires-échantillons

Foire-exposition/foires-expositions

Folle avoine/folles avoines

Folle-blanche/folles-blanches

Folle-noire/folles-noires

Fond/fonds (« extrêmité »)

Fond d'artichaut/fonds d'artichaut

Fondé de pouvoir/fondés de pouvoir

Fonds *invariable* (« fonds de commerce » ou « fonds de courage »)

Fonts baptismaux *toujours employé au pluriel*

Fou/fous

Foufou/foufous

Fouille-au-pot *invariable*

Fouille-merde *invariable*

Fourches Caudines *toujours employé au pluriel*

Fourche-fière/fourches-fières

Fou rire/fous rires

Fourmi-lion ou fourmilion/fourmis-lions ou fourmilions

Fourre-tout *invariable*

Four-tunnel/fours-tunnel

Fox-hound/fox-hounds

Fox-terrier/fox-terriers

Fox-trot *invariable*
Franc-archer/francs-archers
Franc-bourgeois/
  francs-bourgeois
Franc-canton/francs-cantons
Franc-comtois/francs-comtois
Franc-comtoise/
  franc-comtoises
Franc-fief/francs-fiefs
Franc-film/francs-films
Franc-homme/
  francs-hommes
Franc-jeu/francs-jeux
Franc-juge/francs-juges
Franc-maçon/francs-maçons
Franc-maçonne/
  franc-maçonnes
Franc-maçonnerie/
  franc-maçonneries
Franc-maçonnique/
  franc-maçonniques
  (masculin et féminin)
Franc-mariage/
  francs-mariages
Franco-allemand/
  franco-allemands
Franco-américain/
  franco-américains
Franc-or/francs-or
Franc-papier/francs-papier
Franc-parler/francs-parlers
Franc-quartier/
  francs-quartiers
Franc-servant/francs-servants
Franc-taupin/francs-taupins
Franc-tenancier/
  francs-tenanciers
Franc-tireur/francs-tireurs
Frégate-école/frégates-écoles
Fric-frac *invariable*
Frise-beurre *invariable*
Frou-frou ou froufrou/
  frous-frous ou froufrous
Fuchsia/fuchsias
Fume-cigare *invariable*
Fume-cigarette *invariable*
Fusée-parachute/
  fusées-parachutes
Fusilier marin/
  fusiliers marins

G comme...

Gaga/gagas *invariable en genre*
Gagman/gagmen ou gagmans
Gagne-denier/gagne-deniers
Gagne-pain *invariable*
Gagne-petit *invariable*
Gaine-culotte/gaines-culottes
Gallo-italien/gallo-italiens
Gallo-romain/gallo-romains
Gallo-romaine/gallo-romaines
Galvano-électrique/ galvano-électriques
Garçon boucher/ garçons bouchers
Garçon coiffeur/ garçons coiffeurs
Garçon de café/ garçons de café
Garde-barrière/ gardes-barrière ou gardes-barrières

Garde-bœuf/gardes-bœuf ou gardes-bœufs
Garde-bois/garde-bois ou gardes-bois
Garde-boue *invariable*
Garde-boutique/ garde-boutique ou garde-boutiques
Garde-but/gardes-but ou gardes-buts
Garde-canal/gardes-canal ou gardes-canaux
Garde-cendre ou garde-cendres/ garde-cendre ou garde-cendres
Garde-chaîne/garde-chaîne ou garde-chaînes
Garde-chasse/gardes-chasse ou gardes-chasses

Garde-chiourme/
gardes-chiourme
ou gardes-chiourmes

Garde-cierge/garde-cierge
ou garde-cierges

Garde-corps *invariable*

Garde-côte ou garde-côtes/
gardes-côtes (personnes)
ou garde-côtes (bateaux)

Garde-cuisse/garde-cuisse
ou garde-cuisses

Garde-étalon/garde-étalon
ou garde-étalons
ou gardes-étalons

Garde-feu/garde-feu ou
garde-feux

Garde-fou/garde-fous

Garde-française/
gardes-françaises

Garde-frein/gardes-frein ou
gardes-freins

Garde-lait *invariable*

Garde-ligne/garde-ligne ou
gardes-ligne

Garde-magasin/
gardes-magasin ou
gardes-magasins

Garde-main/garde-main ou
garde-mains

Garde-malade/gardes-malade
ou gardes-malades

Garde-manche/garde-manche
ou garde-manches

Garde-manège/
gardes-manège ou
gardes-manèges

Garde-manger *invariable*

Garde-marine/gardes-marine

Garde-marteau/
garde-marteau ou
garde-marteaux ou
gardes-marteau ou
gardes-marteaux

**Garde-meuble
ou garde-meubles/**garde-
meubles

Garde-mines/gardes-mines

Garde-mites/gardes-mites

Garde-môle/gardes-môle ou gardes-môles

Garde note/garde note ou garde notes ou gardes notes

Garden-party/ garden-parties ou garden-partys

Garde-pêche/gardes-pêche (personne)

Garde-pêche *invariable* ◊(bâteau)

Garde-place/garde-place ou garde-places

Garde-port/gardes-port ou gardes-ports

Garde-queue/garde-queue ou garde-queues

Garde-rats *invariable*

Garde-reins *invariable*

Garde républicain/gardes républicains

Garde-robe/garde-robes

Garde-vente/garde-vente ou garde-ventes ou gardes-vente

Garde-voie/gardes-voie ou gardes-voies

Garde-vue *invariable*

Gas-oil ou gasoil ou gazole/ gas-oils ou gasoils ou gazoles

Gastro/gastros

Gastro-colique/ gastro-coliques

Gastro-colite/gastro-colites

Gastro-duodénal/ gastro-duodénaux

Gastro-duodénale/ gastro-duodénales

Gastro-entérique/ gastro-entériques

Gastro-entérite/ gastro-entérites

Gastro-entérocolite/ gastro-entérocolites

Gastro-entérologue/ gastro-entérologues

Gastro-intestinal/
gastro-intestinaux

Gastro-intestinale/
gastro-intestinales

Gastro-œsophagien/
gastro-œsophagiens

Gastro-œsophagienne/
gastro-œsophagiennes

Gastro-pylorique/
gastro-pyloriques

Gâte-bois *invariable*

Gâte-maison/gâte-maison
ou gâte-maisons

Gâte-métier/gâte-métier ou
gâte-métiers

Gâte-papier/gâte-papier ou
gâte-papiers

Gâte-sauce/gâte-sauce ou
gâte-sauces

Génito-crural/
génito-cruraux

Génito-crurale/
génito-crurales

Génitoires *toujours
employé au pluriel*

Génito-spinal/
génito-spinaux

Génito-spinale/
génito-spinales

Génito-urinaire/
génito-urinaires

Genou/genoux

Gent *toujours employé au
singulier*

Gentleman-farmer/
gentlemen-farmers

Gentleman-rider/
gentlemen-riders

**Gentleman's agreement ou
gentlemen's agreement**/
gentleman's agreements ou
gentlemen's agreements

Géranium lierre/géraniums
lierres

Gin-fizz *invariable*

Ginger-ale/ginger-ales

Ginger-beer/ginger-beers

Ginger-bread/ginger-breads

Ginger-grass *invariable*

Globe-trotter/globe-trotters

Glouglou/glouglous

Gnangnan/gnangnans
(*mais adjectif invariable*)

Gnocchi/gnocchis

Gnognote ou gnognotte/
gnognotes ou gnognottes

Gnou/gnous

Goal/goals

Goal-average/goal-averages

Golden/goldens
(*mais adjectif invariable*)

Gold-point/gold-points

Gomme-ammoniaque/
gommes-ammoniaques

Gomme-ester/gommes-esters

Gomme-gutte/gommes-guttes

Gomme-laque/
gommes-laques

Gomme-résine/
gommes-résines

Gommo-résineux *invariable*

Gommo-résineuse/gommo-
résineuses

Gorge blanche/gorges
blanches

Gorge-bleue/gorges-bleues

Gorge-de-loup/gorges-de-
loup

Gorge-de-pigeon *invariable*

Goum/goums

Goûte-vin *invariable*

Goutte-à-goutte *invariable*

Goutte d'eau/gouttes d'eau

Goutte de lait/gouttes de lait

Goutte de lin/gouttes de lin

Goutte de sang/gouttes
de sang

Goy ou goï/goyim ou goym
ou goys ou goïm

Grain de poudre/grains de
poudre

Grain d'orge/grains d'orge

Gramme-force/grammes-
force

Grand-croix *invariable*
(pour dignité)

Grand-croix/grands-croix
(personne)

Grand-duc/grands-ducs

Grand-ducal/grand-ducaux

Grand-ducale/grand-ducales
Grand-duché/grands-duchés
Grande-duchesse/grandes-duchesses
Grand ensemble/grands ensembles
Grande rose *invariable*
Grandes orgues *toujours employé au pluriel*
Grande Venise *invariable*
Grand-garde/grand-gardes
Grand-guignolesque/grand-guignolesques
Grand-mère/grand-mères ou grands-mères
Grand-messe/grands-messes ou grand-messes
Grand-oncle/grands-oncles
Grand-papa/grands-papas
Grand-père/grands-pères
Grands-parents *toujours employé au pluriel*
Grand-tante/grands-tantes ou grand tantes
Grand teint *invariable*

Grand-voile/grand-voiles ou grands-voiles
Gras-double/gras-doubles
Gratte-ciel *invariable*
Gratte-cul *invariable*
Gratte-dos *invariable*
Gratte-fond/gratte-fonds
Gratte-paille *invariable*
Gratte-papier *invariable*
Gratte-pieds *invariable*
Gratte-tube/gratte-tubes
Grau/graus ou graux
Gréco-latin/gréco-latins
Gréco-latine/gréco-latines
Gréco-romain/gréco-romains
Gréco-romaine/gréco-romaines
Gribouillis *invariable*
Grigri ou gri-gri/grigris ou gris-gris
Grille-corbeille/grilles-corbeilles
Grille écran/grilles écrans
Grille marrons *invariable*
Grille-pain *invariable*

Grippe-sou/grippe-sou ou grippe-sous

Gros-argentin/gros-argentins

Gros-bec/gros-becs

Gros bout/gros bouts

Gros fers/gros fers

Gros-grain/gros-grains

Gros-porteur/gros-porteurs

Grosse de fonte/grosses de fonte

Grosse écale/grosses écales

Grue console/grues consoles

Grue marteau/grues marteaux

Grue portique/grues portiques

Guet-apens/guets-apens

Gueule-de-four/gueules-de-four

Gueule-de-loup/gueules-de-loup

Gueule-de-raie/gueules-de-raie

Guide-âne/guide-ânes

Guideau/guideaux

Guide-coke *invariable*

Guide-fil/guide-fil ou guide-fils

Guide-greffe/guide-greffe ou guide-greffes

Guide-lame/guide-lame ou guide-lames

Guide-lime *invariable*

Guiderope/guideropes

Guide-poil *invariable*

H comme...

Hache-écorce *invariable*
Hache-fourrage *invariable*
Hache-légumes *invariable*
Hache-maïs *invariable*
Hache-paille *invariable*
Hache-sarments *invariable*
Hache-viande *invariable*
Haïku/haïkus
Hale-à-bord *invariable*
Hale-avant *invariable*
Hale-bas *invariable*
Hale-croc *invariable*
Hale-dedans *invariable*
Hale-haut *invariable*
Half-track/half-tracks
Hara-kiri/hara-kiris
Hatamoto *invariable*
Hausse-col/hausse-cols
Hausse-pied/hausse-pied ou
  hausse-pieds
Hausse-queue/hausse-queue
  ou hausse-queues

Haut-commissaire/hauts-
  commissaires
**Haut-de-chausse ou
  haut-de-chausses**/
  hauts-de-chausse ou
  hauts-de-chausses
Haut de côtelettes/
  hauts de côtelettes
Haut-de-forme/
  hauts-de-forme
Haute-contre/hautes-contre
Haute-fidélité/hautes-fidélités
Haute-taille/hautes-tailles
Haute-tige/hautes-tiges
Haut-fond/hauts-fonds
Haut-fourneau/
  hauts-fourneaux
Haut-le-cœur *invariable*
Haut-le-corps *invariable*
Haut le pied *adjectif
  invariable* (modèle de
  locomotive)

Haut-le-pied *invariable*
(cheval venant en renfort)

Haut-le-pied/hauts-le-pied
(homme sans rôle fixe
dans une équipe)

Haut-parleur/haut-parleurs

Haut-relief/hauts-reliefs

Haut-volant/haut-volants

Hay-maker/hay-makers

Hébreu/hébreux (pas de
féminin pour le nom,
adjectif au féminin :
hébraïque/hébraïques)

Hélico/hélicos (seulement
s'il s'agit de l'abréviation
du mot hélicoptère)

Hépato-entérostomie/
hépato-entérostomies

Herbe-aux-chats *employé
généralement au singulier*/
herbes-aux-chats

Herbe-aux-chantres
*employé généralement au
singulier*

Herbe-aux-écus *employé
généralement au singulier*

Herbe-aux-gueux *employé
généralement au singulier*

Herd-book/herd-books

Héroï-comique/héroï-
comiques

Hétéro/hétéros (diminutif
d'« hétérosexuel », *mais
adjectif invariable*)

Hibou/hiboux

**Hispano-moresque ou
hispano-mauresque**/
hispano-moresques ou
hispano-mauresques

Hit-parade/hit-parades

Hold-up *invariable*

Home-ruler/home-rulers

Home-trainer/home-trainers

Homme-grenouille/
hommes-grenouilles

Homme lige/hommes liges

Homme-orchestre/
hommes-orchestres

Homme-sandwich/ hommes-sandwichs

Homo/homos (diminutif d'« homosexuel », *mais adjectif invariable*)

Hors-bord *invariable*

Hors-concours *invariable*

Hors-d'œuvre *invariable*

Hors-jeu (la faute) ou hors-jeu (le joueur) *invariable*

Hors-la-loi (employé comme un nom) ou hors la loi (adjectif) *invariable*

Hors-ligne *invariable*

Horst/horsts

Hors-texte ou hors texte *invariable*

Hosto/hostos

Hot dog ou hot-dog/ hot dog ou hot-dogs

Hôtel de ville/hôtels de ville

Hôtel-Dieu/hôtels-Dieu

House-boat/house-boats

Hovercraft/hovercrafts

Huit-en-huit *invariable*

Huit-pieds *invariable*

Huit-reflets *invariable*

Huit-ressorts *invariable*

Humour/humours *employé généralement au singulier*

I comme...

Iceberg/icebergs

Ice-boat/ice-boats

Ice-cream/ice-creams

Ice-field/ice-fields

Idéal/idéals ou idéaux
Idée-force/idées-forces
Idéomoteur/idéomoteurs
Idéomotrice/idéomotrices
Idio-électrique/
  idio-électriques
Iléo-cæcal ou iléocæcal/
  iléo-cæcaux ou iléocæcaux
Iléo-cæcale ou iléocæcale/
  iléo-cæcales ou iléocæcales
Iléo-colique/iléo-coliques
Iléo-colostomie/
  iléo-colostomies
Iléo-cystoplastie/
  iléo-cystoplasties
Iléo-iléostomie/
  iléo-iléostomies
Iléo-recto-coloplastie/
  iléo-recto-coloplasties
Iléo-sigmoïdostomie/
  iléo-sigmoïdostomies
Iléo-transversostomie/
  iléo-transversostomies
Ilio-lombaire/ilio-lombaires
Ilio-pectiné/ilio-pectinés

Ilio-pectinée/ilio-pectinées
Ilio-pubien/ilio-pubiens
Ilio-pubienne/ilio-pubiennes
Image-orthicon/images-
  orthicons
**Impédiments ou
  impedimenta** (toujours
  employé au pluriel)
Imprésario ou impresario/
  imprésarios ou impresarii
Incito-moteur/incito-moteurs
Incito-motrice/incito-motrices
Indice-chaîne/indices-chaînes
Indique-fuite/indique-fuites
Indo-afghan/indo-afghans
Indo-afghane/indo-afghanes
Indo-aryen/indo-aryens
Indo-aryenne/indo-aryennes
Indo-européen/
  indo-européens
Indo-européenne/
  indo-européennes
Indo-germanique/
  indo-germaniques
Indo-iranien/indo-iraniens

Indo-iranienne/
indo-iraniennes
Indult/indults
Infirmerie-hôpital/
infirmeries-hôpitaux
Influenza/influenzas
In-folio *invariable*
Infrarouge/infrarouges
Infrason/infrasons
Infrasonore/infrasonores
Ingénieurs-conseil/
ingénieurs-conseils
In-pace (prison) **ou in pace**
(prière) *invariable*
In-quarto *invariable*
Inter-ilio-abdominal/
inter-ilio-abdominaux
Inter-ilio-abdominale/
inter-ilio-abdominales
Intra-artériel/intra-artériels
Intra-artérielle/
intra-artérielles
Intra-articulaire/
intra-articulaires

Intra-atomique/
intra-atomiques
Intradermo-réaction/
intradermo-réactions
Intra-épithélial/
intra-épithéliaux
Intra-épithéliale/
intra-épithéliales
Intra-muros *invariable*
Intra-oculaire/intra-oculaires
Intra-utérin/intra-utérins
Intra-utérine/intra-utérines
Introït/introïts
Ion-gramme/ions-grammes
Irido-diagnostic/
irido-diagnostics
Irido-kératite/irido-kératites
Italo-américain/
italo-américains
Italo-celtique/italo-celtiques
Ivre-mort/ivres-morts
Ivre-morte/ivres-mortes
Ixia/ixias

J comme...

Jaloux *invariable*
Jalouse/jalouses
Jambonneau/jambonneaux
Jamboree/jamborees
Jam-session/jam-sessions
Japon (ne prend un « s » et pas de majuscule que pour désigner des objets d'art. Ex : « des japons du XVᵉ siècle »)
Jars *invariable*
Jean-fesse *invariable*
Jean-foutre *invariable*
Jean jean ou **jean-jean** *invariable*
Jean-le-blanc *invariable*
Jeep/Jeep (nom déposé) ou jeeps
Jéjuno-iléon/jéjuno-iléons
Jéjuno-jéjunostomie/jéjuno-jéjunostomies
Jéjunum/jéjunums

Je-m'en-foutisme/je-m'en-foutismes *employé généralement au singulier*
Je-m'en-foutiste/je-m'en-foutistes
Je-ne-sais-quoi *invariable*
Jerk/jerks
Jéroboam/jéroboams
Jerricane ou **jerrican** ou **jerrycan**/jerricanes ou jerricans ou jerrycans
Jet-stream/jet-streams
Jette-feu *invariable*
Jeu d'adresse/jeux d'adresse
Jeu d'eau/jeux d'eau
Jeu d'enfant/jeux d'enfant
Jeu d'esprit/jeux d'esprit
Jeu de hasard/jeux de hasard
Jeu de l'oie/jeux de l'oie
Jeu de mains/jeux de mains
Jeu de mots/jeux de mots
Jeu d'orgue/jeux d'orgue

Jeu de quilles/jeux de quilles
Jeu de scène/jeux de scène
Jeu de société/jeux de société
Jeune-turc/jeunes-turcs
Jeune-turque/jeunes-turques
Jodhpurs *toujours employé au pluriel*
Joker/jokers
Jovial/jovials (« joviaux » existe mais n'est en principe pas utilisé)
Joviale/joviales
Joyau/joyaux
Judéo-allemand/judéo-allemands
Judéo-allemande/judéo-allemandes
Judéo-araméen/judéo-araméens
Judéo-araméenne/judéo-araméennes

Judéo-chrétien/judéo-chrétiens
Judéo-chrétienne/judéo-chrétiennes
Judéo-espagnol/judéo-espagnols
Judéo-espagnole/judéo-espagnoles
Juke-box *invariable*
Jumbo-jet/jumbo-jets
Jupe-culotte/jupes-culottes
Jury/jurys
Jusqu'au-boutisme/jusqu'au-boutismes
Jusqu'au-boutiste/jusqu'au-boutistes
Juste-milieu ou juste milieu *invariable*
Juxta-épiphysaire/juxta-épiphysaires

K comme...

Kaiserlick/kaiserlicks
Kamikaze/kamikazes
Kangourou/kangourous
Kapo/kapos
Karaté/karatés
Karatéka/karatékas
Kayak/kayaks
Kébab ou kebab/kébabs ou kebabs
Képi/képis
Kérato-acanthome/kérato-acanthomes
Kérato-conjonctival/kérato-conjonctivaux
Kérato-conjonctivale/kérato-conjonctivales
Kérato-conjonctivite/kérato-conjonctivites
Ketch/ketches ou ketchs
Ketchup/ketchups
Khan ou kan/khans ou kans
Kick-starter/kick-starters

Kidnapping/kidnappings
Kieselgur ou kieselguhr/kieselgurs ou kieselguhrs
Kilo/kilos
Kilogramme-force/kilogrammes-force
Kilogrammètre/kilogrammètres
Kilogramme-poids/kilogrammes-poids
Kilomètre-passager/kilomètres-passagers
Kilomètre-voyageur/kilomètres-voyageurs
Kilowatt-heure ou kilowattheure/kilowatt-heures ou kilowattheures
Kilt/kilts
Kimono/kimonos
King-charles *invariable*
Kipper/kippers
Kir/kirs

Kit/kits
Kitsch ou kitch *invariable*
Kiwi/kiwis
Knickerbockers ou knicker/knickers *toujours employé au pluriel*
Knock-down *invariable*
Knock-out *invariable*
Knout/knouts
Koala/koalas
Kobold/kobolds
Kodak *invariable* - nom déposé
Khôl ou kohol/khôls ou kohols

Kolkhoze ou kolkhoz/kolkhozes
Kommandantur/komandanturs
Konzern/konzerns
Kopeck/kopecks
Korrigan/korrigans
Kouglof/kouglofs
Koulak/koulaks
Kouros ou couros/kouroï ou couroi
Kronprinz *invariable*
Kummel/kummels
Kyrie *invariable*

L comme...

Lac laque/lac laques
Lacs *invariable au sens de « piège »*
Lad/lads

Lady/ladies (ce mot prend une majuscule s'il précède un nom propre)

Laissé pour compte (adjectif)
ou laissé-pour-compte
(nom)/laissés pour compte
ou laissés-pour-compte
Laisser-aller *invariable*
Laisser-courre *invariable* ou
laissé-courre/laissés-courre
Laisser-faire *invariable*
Laisse-tout-faire *invariable*
Laissez-passer *invariable*
Lamento/lamentos
Lamier-rotier/lamiers-rotiers
Lance-flammes *invariable*
Lance-fusée ou lance-
fusées/lance-fusées
Lance-grenade ou lance-
grenades/lance-grenades
Lance-pierre ou
lance-pierres/lance-pierres
Lance-roquette ou lance-
roquettes/lance-roquettes
Lance-torpille ou lance-
torpilles/lance-torpilles
Landau/landaus

Langue-d'agneau/
langues-d'agneau
Langue-d'aspic/
langues-d'aspic
Langue-de-bœuf/
langues-de-bœuf
Langue-de-carpe/
langues-de-carpe
Langue-de-chat/
langues-de-chat
Langue-de-chien/
langues-de-chien
Langue-de-moineau/
langues-de-moineau
Langue-de-serpent/
langues-de-serpent
Langue-de-vache/
langues-de-vache
Langue-de-vipère/
langues-de-vipère
Lanterne-applique/
lanternes-appliques
Lanterne-hublot/
lanternes-hublots
Lapereau/lapereaux

Lapin de garenne/
lapins de garenne
Lapis-lazuli/lapis-lazulis
Lapsus *invariable*
Large-white *invariable*
Laryngo-trachéal/
laryngo-trachéaux
Laryngo-trachéale/
laryngo-trachéales
Laryngo-trachéite/
laryngo-trachéites
Laryngo-trachéo-bronchite/
laryngo-trachéo-bronchites
Laryngo-trachéotomie/
laryngo-trachéotomies
Lascar/lascars
Laser/lasers
Lasso/lassos
Latex *invariable*
Latifundium/latifundia
Latino-américain/
latino-américains
Latino-américaine/
latino-américaines

Laudes *toujours employé*
au pluriel
Laurier-cerise/
lauriers-cerises
Laurier-rose/lauriers-roses
Laurier-sauce/lauriers-sauce
Laurier-tin/lauriers-tins
Lave-dos *invariable*
Lave-glace/lave-glaces
Lave-linge *invariable*
Lave-mains *invariable*
Lave-pieds *invariable*
Lave-pinceaux *invariable*
Lave-pont/lave-ponts
Lave-tête *invariable*
Lave-vaisselle *invariable*
Layetier emballeur/
layetiers emballeurs
Lazzarone/lazzaroni ou
lazzarones
Lazzi/lazzi ou lazzis
Lé/lés
Leader/leaders
Leadership/leaderships
Leasing/leasings

Lebel/lebels
Lèche-bottes *invariable*
Lèche-cul *invariable*
Lèche-vitrine ou lèche-vitrines/lèche-vitrine ou lèche-vitrines *au pluriel uniquement pour les personnes*
Leçons de choses *toujours employé au pluriel*
Legs *invariable*
Leitmotiv/leitmotive ou leitmotivs
Lèse-majesté/lèse-majesté ou lèse-majestés
Leuco-activant/leuco-activants
Leuco-activante/leuco-activantes
Leuco-encéphalite/leuco-encéphalites
Lève-cadre/lève-cadre ou lève-cadres
Lève-et-baisse *invariable*
Lève-gazon *invariable*

Lève-glace/lève-glaces
Lève-malade/lève-malades
Lève-nez *invariable*
Lève-sole *invariable*
Lève-tard *invariable*
Lève-tôt *invariable*
Lève-vitre/lève-vitres
Levier-portereau/leviers-portereaux
Libraire-éditeur/libraires-éditeurs
Libraire-imprimeur/libraires-imprimeurs
Libre-échange *généralement employé au singulier*/libres-échanges
Libre-échangisme *généralement employé au singulier*/libre-échangismes
Libre-échangiste/libre-échangistes
Libre-service/libres-services
Libretto/libretti ou librettos
Lichen/lichens
Licou/licous

Lido/lidos (en revanche, le mot « Lido » avec une capitale, désignant une île vénitienne ou un cabaret, est invariable)
Lied/lieds ou lieder
Lie-de-vin *invariable*
Lieu/lieus (poisson) ou lieux (endroit)
Lieu-dit ou lieudit/lieux-dits ou lieudits
Lieutenant-colonel/ lieutenants-colonels
Lifting/liftings
Limande-sole/ limandes-soles
Link-trainer/link-trainers
Lino/linos
Lipovaccin/lipovaccins
Lit-cage/lits-cages
Lit-divan/lits-divans
Litho/lithos (diminutif de « lithographie »)
Litre-atmosphère/ litres-atmosphères

Lit-salon/lits-salons
Livarot/livarots
Living/livings
Living-room/living-rooms
Livre-cassette/livres-cassettes
Livre d'or/livres d'or
Livre-journal/livres-journaux
Livret-police/livrets-polices
Loader/loaders
Lobby/lobbys ou lobbies
Location-vente/ locations-ventes
Lock-out *invariable*
Loden/lodens
Loess *invariable*
Loggia/loggias
Logo/logos
Logos *toujours employé au singulier*
Lo-kao *invariable*
Lombo-sacré/lombo-sacrés
Lombo-sacrée/lombo-sacrées
Londrès *invariable*
Long cours *invariable*

Long-courrier/
long-courriers
Long-jointé/long-jointés
Long-jointée/long-jointées
Longue-vis/longues-vis
Longue-vue/longues-vues
Lord/lords
Lord-avocat/lords-avocats
Lord-lieutenance/
lords-lieutenances
Lord-lieutenant/
lords-lieutenants
Lord-maire/lords-maires
Louise-bonne/
louises-bonnes
Louis-philippard/
louis-philippards
Louis-philipparde/
louis-philippardes
Louis-quatorzien/
louis-quatorziens

Louis-quatorzienne/
louis-quatorziennes
Loukoum/loukoums
Loulou/loulous
Loup-cerve/loups-cerves
Loup-cervier/loups-cerviers
Loup de mer/loups de mer
Loup-garou/loups-garous
Loustic/loustics
Louveteau/louveteaux
Loyal/loyaux
Loyale/loyales
Lumbago/lumbagos
Lunch/lunches ou lunchs
Lupanar/lupanars
Lupus *invariable*
Lynx *invariable*
Lyre-cithare/lyres-cithares
Lyre-guitare/lyres-guitares
Lysat-vaccin/lysats-vaccins

M comme...

Macadam-ciment/ macadams-ciments

Macchabée/macchabées

Macchabée/Macchabées (nom propre d'origine biblique)

Mâche-bouchon ou mâche-bouchons/ mâche-bouchons

Machine-frein/machines-freins

Machine outil/machines outils

Machine-transfert/ machines-transferts

Macroéconomie/ macroéconomies

Madame/mesdames

Mademoiselle/ mesdemoiselles

Madone *invariable s'il s'agit de la Vierge Marie*

Madone/madones *s'il s'agit de représentations artistiques*

Madrigal/madrigaux

Maestria/maestrias

Maestro/maestros

Mafia/mafias

Mafioso/mafiosi

Magma/magmas

Magnéto/magnétos (diminutif de « magnétoscope »)

Magnéto-aérodynamique/ magnéto-aérodynamiques

Magnétoélectrique/ magnétoélectriques

Magnéto-optique/ magnéto-optiques

Magnolia/magnolias

Magnum/magnums

Magyar/magyars (nom désignant les Hongrois, s'écrit en minuscule si utilisé comme adjectif)

Main courante/mains courantes

Main-d'œuvre/mains-d'œuvre

Main-forte *toujours employé au singulier*/mains-fortes *dans le sens de gens qui ne se soumettent pas à la justice*

Mainlevée/mainlevées

Mainmise/mainmises

Mainmorte/mainmortes

Maître-à-danser/maîtres-à-danser

Maître-autel/maîtres-autels

Maître chanteur/maîtres chanteurs

Maître-chien/maîtres-chiens

Maître d'armes/maîtres d'armes

Maître de ballet/maîtres de ballet

Maître de cérémonies/maîtres de cérémonies

Maître de chapelle/maîtres de chapelle

Maître de conférences/maîtres de conférences

Maître d'école/maîtres d'école

Maître de forges/maîtres de forges

Maître d'équipage/maîtres d'équipage

Maître des requêtes/maîtres des requêtes

Maître d'hôtel/maîtres d'hôtel

Maître de maison/maîtres de maison

Maître d'œuvre/maîtres d'œuvre

Maître d'ouvrage/maîtres d'ouvrage

Maître-penseur/maîtres-penseurs

Major/majors

Major général/majors
   généraux
Mal/maux
Mal égal *invariable*
**Mal-en-point ou
   mal en point** *invariable*
Malle-poste/malles-poste
Mammouth/mammouths
Manchon-glissoir/
   manchons-glissoirs
Mandat-carte/mandats-cartes
Mandat-contributions/
   mandats-contributions
Mandat-lettre/mandats-lettres
Mandat-poste/mandats-poste
Mânes *toujours employé
   au pluriel*
Mange-mil *invariable*
Mange-tout *invariable*
   (« dépenser »)
Mangetout ou mange-tout
   invariable (« haricot »)

Maniaco-dépressif/
   maniaco-dépressifs
Maniaco-dépressive/
   maniaco-dépressives
Manœuvre-balai/
   manœuvres-balais
Marais salant/marais salants
Marché-gare/marchés-gares
Marche-palier/marches-
   paliers
Marché-test/marchés-tests
Maréchal-ferrant/
   maréchaux-ferrants
Marie-couche-toi-là
   invariable
Marie-louise/maries-louises
Marie-salope/maries-salopes
Marin-pêcheur/marins-
   pêcheurs
Marin-pompier/marins-
   pompiers
Marlou/marlous
Marteau-pilon/marteaux-
   pilons

Marteau-piolet/marteaux-
  piolets
Marteau-piqueur/marteaux-
  piqueurs
Martin-chasseur/martins-
  chasseurs
Martin-pêcheur/martins-
  pêcheurs
Masse-tige/masse-tiges
M'as-tu-vu *invariable*
Matador/matadors
Match/matchs ou matches
Match-maker/match-makers
Match-play/match-plays
Matériau/matériaux
Matériel/matériels (le pluriel
  n'est employé que pour
  évoquer de multiples objets,
  ex : les nouveaux matériels
  de guerre, ou s'il est adjectif)
Matou/matous
Mécanicien-dentiste/
  mécaniciens-dentistes

Médecin-conseil/médecins-
  conseils
Média/médias
**Medicine-ball ou
  médecine-ball**/
  medicine-balls ou
  médecine-balls
Médico-chirurgical/
  médico-chirurgicaux
Médico-chirurgicale/
  médico-chirurgicales
Médico-légal/médico-légaux
Médico-légale/médico-légales
Médico-social/médico-
  sociaux
Médico-sociale/
  médico-sociales
Médium/médiums
Médius *invariable*
Médoc *invariable* (en tant
  que nom propre)
Médoc/médocs (variable s'il
  indique la provenance d'un
  produit, ex : les vieux
  médocs)

Médullosurrénal/
  médullosurrénaux
Médullosurrénale/
  médullosurrénales
Meeting/meetings
Mégalo/mégalos (diminutif
  de « mégalomane » *mais
  adjectif invariable*)
Mélangeur-doseur/
  mélangeurs-doseurs
Melba *adjectif invariable*
  toujours avec une majuscule
Méli-mélo/mélis-mélos
Mémorandum/
  mémorandums
Mémorial/mémoriaux
  (rarement employé au
  pluriel)
Menhir/menhirs
Méningo-encéphalite/
  méningo-encéphalites
Méningo-myélite/
  méningo-myélites
Méningo-radiculite/
  méningo-radiculites

Menu/menus (s'il s'agit d'un
  adjectif ou d'un nom. Reste
  invariable s'il s'agit d'une
  expression comme « des
  steaks hachés menu »)
Mère-grand/mères-grand
Mérou/mérous
Métro/métros (diminutif
  de « métropolitain »)
Meule boisseau/meules
  boisseaux
Meurt-de-faim *invariable*
Meurt-de-soif *invariable*
Mézuzah/mézuzoth
Mezzo-soprano/mezzo-
  sopranos
Mezzo-termine *invariable*
Mezzo-tinto ou mezzotinto
  invariable
Mi-bas *invariable*
Mi-carême/mi-carêmes
Mi-clos *invariable*
Mi-close/mi-closes
Micmac/micmacs

Micro/micros (diminutif de « microphone »)

Microéconomie/ microéconomies

Microéconomique/ microéconomiques

Microélectromètre/ microélectromètres

Microélectrophorèse/ microélectrophorèses

Microévolution/ microévolutions

Microhm-centimètre/ microhm-centimètres

Microinch/microinches

Micro-instrument/micro- instruments

Micro-onde/micro-ondes

Micro-organisme/micro- organismes

Mieux-disant/mieux-disants

Mieux-disante/mieux-disantes

Mieux-être *invariable*

Mieux-vivre *invariable*

Mi-figue mi-raisin *invariable*

Mi-laine *invariable*

Milk-bar/milk-bars

Milk-shake/milk-shakes

Mille *invariable*

Mille-feuille/mille-feuilles

Mille-fleurs *invariable*

Mille-pattes *invariable*

Millepertuis *invariable*

Milleraies *invariable*

Millier/milliers

Mineur-artificier/mineurs- artificiers

Mineur-perforateur/ mineurs-perforateurs

Mi-partition/mi-partitions

Mire-jalon/mires-jalons

Mire-œuf ou mire-œufs/ mire-œufs

Mi-temps *invariable*

Moins-perçu/moins-perçus

Moins-que-rien *invariable*

Moins-value/moins-values

Moissonneuse-batteuse/
moissonneuses-batteuses

Moissonneuse-lieuse/
moissonneuses-lieuses

Molécule-gramme/
molécules-grammes

Monnaie-du-pape/
monnaies-du-pape

Mono/monos

Monsieur/messieurs

Monseigneur/messeigneurs

Mont-blanc/monts-blancs
(entremets)

Mont-de-piété/monts-de-
piété

Monte-charge/monte-
charge ou monte-charges

Monte-courroie *invariable*

Monte-en-l'air *invariable*

Monte-fûts *invariable*

Monte-glace *invariable*

Monte-pente/monte-pentes

Monte-plat ou monte-plats/
monte-plats

Monte-sac ou monte-sacs/
monte-sacs

Monteur-électricien/
monteurs-électriciens

Monteur-mécanicien/
monteurs-mécaniciens

Mont-joie ou montjoie/
monts-joie ou montjoies

Montre-bracelet/
montres-bracelets

Mort-aux-rats *invariable*

Morte-eau/mortes-eaux

Morte-paye/mortes-payes

Morte-saison/mortes-saisons

Mort-gage/morts-gages

Mortier-pendule/mortiers-
pendules

Mort-né/mort-nés

Mort-née/mort-nées

Moteur-canon/
moteurs-canons

Moteur-fusée/moteurs-fusées

Mot clé ou mot clef/
mots clés ou mots clefs

Moto/motos (diminutif de « motocyclette »)

Mots croisés *toujours employé au pluriel*

Mots-croisiste/mots-croisistes

Moucharabieh ou moucharaby/ moucharabiehs ou moucharabys

Moucharabié/moucharabiés

Mouille-étiquettes *invariable*

Moule-beurre *invariable*

Moule-filtre *invariable*

Mousquetaire/mousquetaires (comme substantif)

Mousquetaire *invariable* (comme apposition)

Moyen-courrier/ moyen-courriers

Moyen-duc/moyens-ducs

Muco-purulent/ muco-purulents

Muco-purulente/ muco-purulentes

Muco-pus *invariable*

Musculo-cutané/musculo-cutanés

Musculo-membraneux *invariable*

Musculo-membraneuse/ musculo-membraneuses

Muséum/muséums

Music-hall/music-halls

Mytho/mythos (diminutif de « mythomane » *mais adjectif invariable*)

N comme...

Nabab/nababs
Nabi/nabis
Nævo-carcinome/
næevo-carcinomes
Nævus/nævi ou nævus
Naja/najas
Nandou/nandous
Nankin/nankins *(mais
adjectif invariable)*
Narco-analgésique/narco-
analgésiques
Narco-analyse/narco-analyses
Narghilé ou narguilé/
narghilés ou narguilés
Narthex *invariable*
National-socialiste/
nationaux-socialistes
(partisans du national-
socialisme)
Nationale-socialiste/
nationales-socialistes
(adjectif)

Navire-citerne/navires-
citernes
Navire-école/navires-écoles
Navire-hôpital/navires-
hôpitaux
Navire-jumeau/
navires-jumeaux
Navire-major/navires-majors
Navire-usine/navires-usines
Nazi/nazis
Neck/necks
Negro-spiritual/negro-
spirituals
Nemrod/nemrods
Néo-calédonien/
néo-calédoniens
Néo-calédonienne/
néo-calédoniennes
Néochrétien/néochrétiens
Néochrétienne/
néochrétiennes

Néochristianisme *employé généralement au singulier*

Néoclassicisme *employé généralement au singulier*

Néoclassique/néoclassiques

Néocolonialisme *employé généralement au singulier*

Néocolonialiste/néocolonialistes

Néocriticisme *employé généralement au singulier*

Néocriticiste/néocriticistes

Néoculture/néocultures

Néofascisme *employé généralement au singulier*

Néofasciste/néofascistes

Néogothique/néogothiques

Néo-impressionnisme *employé généralement au singulier*

Néo-impressionniste/néo-impressionnistes

Néolibéral/néolibéraux

Néolibéralisme *employé généralement au singulier*

Néonatal/néonataux

Néonatale/néonatales

Néoréalisme *employé généralement au singulier*

Néoréaliste/néoréalistes

Néoromantique/néoromantiques

Néoromantisme *employé généralement au singulier*

Néo-zélandais *invariable*

Néo-zélandaise/néo-zélandaises

Neuroépithélium/neuroépithéliums

New-look *invariable*

Newton-mètre/newtons-mètres

Nid-d'abeilles/nids-d'abeilles

Nid-de-poule/nids-de-poule

Night-club/night-clubs

Nimbostratus *invariable*

Nivo-glaciaire/nivo-glaciaires

Nivo-pluvial/nivo-pluviaux

Nivo-pluviale/nivo-pluviales

Nœud papillon/
  nœuds papillons
No man's land *invariable*
Non *invariable*
Non-activité *employé*
  généralement au singulier
Non-affectation *employé*
  généralement au singulier
Non-agression *employé*
  généralement au singulier
Non-aligné/non-alignés
Non-alignée/non-alignées
Non-alignement *employé*
  généralement au singulier
Non-arrondi/non-arrondis
Non-arrondie/non-arrondies
Non-assistance *employé*
  généralement au singulier
Non-belligérance *employé*
  généralement au singulier
Non-belligérant/
  non-belligérants
Non-belligérante/
  non-belligérantes

Non-combattant/
  non-combattants
Non-combattante/
  non-combattantes
Non-comparant/
  non-comparants
Non-comparante/
  non-comparantes
Non-conciliation *employé*
  généralement au singulier
Non-conducteur/non-
  conducteurs
Non-conductrice/non-
  conductrices
Non-conformisme *employé*
  généralement au singulier
Non-conformiste/
  non-conformistes
Non-conformité *employé*
  généralement au singulier
Non-contradiction *employé*
  généralement au singulier
Non-cumul/non-cumuls
Non-délivrance *employé*
  généralement au singulier

Non-disjonction *employé*
généralement au singulier
Non-disponibilité *employé*
généralement au singulier
Non-engagé/non-engagés
Non-engagée/non-engagées
Non-engagement *employé*
généralement au singulier
Non-être *invariable*
Non-exécution *employé*
généralement au singulier
Non-existence *employé*
généralement au singulier
Non-ingérence *employé*
généralement au singulier
Non-inscrit/non inscrits
Non-inscrite/non inscrites
Non-intervention *employé*
généralement au singulier
Non-interventionniste/
non-interventionnistes
Non-jouissance *employé*
généralement au singulier
Non-jureur/non-jureurs
Non-lieu/non-lieux

Non-mitoyenneté *employé*
généralement au singulier
Non-moi *invariable*
Non-paiement/
non-paiements
Non-présent/non-présents
Non-recevoir *invariable*
Non-représentation
employé généralement au
singulier
Non-rétroactivité *employé*
généralement au singulier
Non-révélation *employé*
généralement au singulier
Non-sens *invariable*
Non-spécialiste/
non-spécialistes
Non-usage *employé*
généralement au singulier
Non-valeur *employé*
généralement au singulier
Non-viabilité *employé*
généralement au singulier
Non-violence *employé*
généralement au singulier

Non-violent/non-violents
Non-violente/non-violentes
Nord-africain/nord-africains
Nord-africaine/nord-africaines
Nord-américain/nord-américains
Nord-américaine/nord-américaines
Nord-coréen/nord-coréens
Nord-coréenne/nord-coréennes
Nord-vietnamien/nord-vietnamiens

Nord-vietnamienne/nord-vietnamiennes
Nota-bene *invariable*
Nouveau-né/nouveau-nés
Nouveau-née/nouveau-nées
Noyé-d'eau/noyés-d'eau
Nu-pieds *invariable*
Nu-propriétaire/nus-propriétaires
Nue-propriétaire/nues-propriétaires
Nue-propriété/nues-propriétés

O comme...

Occipito-frontal/occipito-frontaux
Occipito-frontale/occipito-frontales
Occipito-mentonnier/occipito-mentonniers

Occipito-mentonnière/occipito-mentonnières
Œil/yeux
Œil/œils (en terme de marine et de typographie seulement)

Œil-de-bœuf/œils-de-bœuf

Œil-de-bouc/œils-de-bouc

Œil-de-chat/œils-de-chat

Œil-de-cheval/œils-de-cheval

Œil-de-faucon/œils-de-faucon

Œil-de-paon/œils-de-paon

Œil-de-perdrix/
œils-de-perdrix

Œil-de-pie/œils-de-pie

Œil-de-serpent/
œils-de-serpent

Œil-de-vache/œils-de-vache

Œil-de-tigre/œils-de-tigre

Œil-du-monde/
œils-du-monde

Œuf/œufs

Œuf-de-coq/œufs-de-coq

Œuf-de-vanneau/
œufs-de-vanneau

Off-shore ou offshore
invariable

Oiseau/oiseaux

Oiseau-chameau/oiseaux-
chameaux

Oiseau-chat/oiseaux-chats

Oiseau-cloche/oiseaux-
cloches

Oiseau-lyre/oiseaux-lyres

Oiseau-moqueur/
oiseaux-moqueurs

Oiseau-mouche/oiseaux-
mouches

Oiseau-rhinocéros/
oiseaux-rhinocéros

Oiseau-serpent/
oiseaux-serpents

Oiseau-souris/oiseaux-
souris

Oiseau-tempête/
oiseaux-tempête

Oiseau-trompette/
oiseaux-trompettes

Okapi/okapis

Okoumé/okoumés

Oléoduc/oléoducs

Oligoélément/oligoéléments

On-dit *invariable*

Ondo pompe/ondo pompes

Opéra-ballet/opéras-ballets

Opéra-comique/opéras-comiques

Ophtalmo/ophtalmos (diminutif d'« ophtalmologue »)

Oppidum/oppidums ou oppida

Orang-outan ou orang-outang/ orangs-outans ou orangs-outangs

Ordre-en-conseil/ ordres-en-conseil

Organo-aluminique/ organo-aluminiques

Osso-buco *invariable*

Ostéo-arthrite/ostéo-arthrites

Ostéo-arthropathie/ostéo-arthropathies

Ostéo/ostéos (diminutif d'« ostéopathe »)

Ouest-africain/ouest-africains

Ouest-africaine/ouest-africaines

Ouest-allemand/ouest-allemands

Ouest-allemande/ouest-allemandes

Oui *invariable*

Oui-da *invariable*

Ouï-dire *invariable*

Out-caste *invariable*

Output/outputs

Ouvre-boîte ou ouvre-boîtes/ouvre-boîtes

Ouvre-bouteille ou ouvre-bouteilles/ ouvre-bouteilles

Ouvre-gants *invariable*

Ouvre-huître ou ouvre-huîtres/ouvre-huîtres

Ouvre-manchettes *invariable*

Oyant compte/oyants compte

P comme...

Pacemaker/pacemakers
Pacha/pachas
Paddock/paddocks
Paille de mer/pailles de mer
Paille-en-queue/pailles-en-queue
Pal/pals
Palatal/palataux
Palatale/palatales
Palmarium/palmariums
Palmo-plantaire/palmo-plantaires
Panacée/panacées
Panaris *invariable*
Pancréas *invariable*
Pancréatico-duodénal/pancréatico-duodénaux
Pancréatico-duodénale/pancréatico-duodénales
Pantoum/pantoums
Paon/paons
Paonne/paonnes

Paonneau/paonneaux
Papa/papas
Papa gâteau/papas gâteau
Papier à cigarette ou papier à cigarettes/papiers à cigarette ou papiers à cigarettes
Papier à dessin/papiers à dessin
Papier à lettres/papiers à lettres
Papier à musique/papiers à musique
Papier buvard/papiers buvards
Papier cadeau/papiers cadeau
Papier-calque/papiers-calque
Papier-carbone/papiers-carbone
Papier crépon/papiers crépon

Papier cristal/papiers cristal
Papier de verre/papiers de verre
Papier d'identité/papiers d'identité
Papier-émeri/papiers-émeri
Papier-filtre/papiers-filtres
Papier journal/papiers journaux
Papier kraft/papiers krafts
Papier mâché/papiers mâchés
Papier ministre/papiers ministres
Papier-monnaie/ papiers-monnaies
Papier-parchemin/papiers-parchemin
Papier peint/papiers peints
Papier pelure/papiers pelures
Papier-pierre/papiers-pierre
Papier public/papiers publics
Para/paras (diminutif de « parachutiste »)

Parano/paranos (diminutif de « paranoïaque » *mais adjectif invariable*)
Par corps *invariable*
Par-dessus *locution adverbiale invariable*
Pardessus *invariable* (« vêtement »)
Par-devant/par-devants (face imprimée de figures ou de points d'une carte à jouer)
Pare-balles *invariable*
Pare-boue *invariable*
Pare-brise *invariable*
Pare-cendres *invariable*
Pare-chocs *invariable*
Pare-clous *invariable*
Pare-douche/pare-douches
Pare-éclats *invariable*
Pare-étincelles *invariable*
Pare-étoupilles *invariable*
Pare-feu *invariable*
Pare-fumée *invariable*
Pare-neige *invariable*

Pare-pierres *invariable*

Pare-soleil *invariable*

Pare-vent *invariable*

Paris-brest *invariable*

Pas-d'âne *invariable*

Pas-de-porte *invariable*

Passe-avant *invariable*

Passe-bande *invariable*

Passe-billot/passe-billots

Passe-bouillon *invariable*

Passe-boules *invariable*

Passe-carreau/passe-carreaux

Passe-chevron/passe-chevrons

Passe-collet/passe-collets

Passe-corde/passe-cordes

Passe-cordon/passe-cordons

Passe-coupe *invariable*

Passe-crassane *invariable*

Passe-debout *invariable*

Passe-de-sac *invariable*

Passe-dix *invariable*

Passe-droit/passe-droits

Passe-garde *invariable*

Passe-grand/passe-grands

Passe-guides *invariable*

Passe-lacet/passe-lacets

Passe-lait *invariable*

Passe-main/passe-mains

Passe-montagne/passe-montagnes

Passe-partout *invariable*

Passe-passe *invariable*

Passe-perle/passe-perles

Passe-pied/passe-pieds

Passe-pierre/passe-pierre ou passe-pierres

Passe-plat/passe-plats

Passepoil/passepoils

Passe-purée *invariable*

Passe-sauce *invariable*

Passe-temps *invariable*

Passe-thé *invariable*

Passe-vin *invariable*

Passe-volant/passe-volants

Passe-vue/passe-vues

Patriarcal/patriarcaux

Patriarcale/patriarcales

Patrimonial/patrimoniaux

Patrimoniale/patrimoniales

Patronal/patronaux
Patronale/patronales
Patte-d'anémone/pattes-d'anémone
Patte-d'araignée/pattes-d'araignée
Patte-de-chat/pattes-de-chat
Patte-de-coq/pattes-de-coq
Patte-d'éléphant/pattes-d'éléphant
Patte-de-lièvre/pattes-de-lièvre
Patte-de-lion/pattes-de-lion
Patte-de-loup/pattes-de-loup
Patte-d'oie/pattes-d'oie
Patte-mâchoire/pattes-mâchoires
Pattemouille/pattemouilles
Pattern/patterns
Paulownia/paulownias
Peau-rouge/peaux-rouges
Peigne-cul/peigne-culs
Peigne-détacheur/peignes-détacheurs
Peigne-hérisson/peignes-hérissons

Peintre-graveur/peintres-graveurs
Peinture-émail/peintures-émails
Peinture émulsion/peintures émulsions
Pêle-mêle *invariable*
Pelle-à-cheval/pelles-à-cheval
Pelle-bêche/pelles-bêches
Pelle-pioche/pelles-pioches
Pelote-de-mer/pelotes-de-mer
Pense-bête/pense-bêtes
Pensum/pensums
Pentagonal/pentagonaux
Pentagonale/pentagonales
Perce-bois *invariable*
Perce-bouchon/perce-bouchons
Perce-lettre/perce-lettres
Perce-maille/perce-mailles
Perce-membrane/perce-membranes
Perce-meule/perce-meules

Perce-muraille/perce-
murailles
Perce-neige *invariable*
Perce-oreille/perce-oreilles
Perce-pierre/perce-pierres
Perchman/perchmen
Pergola/pergolas
Pèse-acide/pèse-acide ou
pèse-acides
Pèse-alcool *invariable*
Pèse-bébé/pèse-bébé ou
pèse-bébés
Pèse-esprit/pèse-esprit ou
pèse-esprits
Pèse-lait *invariable*
Pèse-lettre/pèse-lettre ou
pèse-lettres
Pèse-liqueur/pèse-liqueur
ou pèse-liqueurs
Pèse-moût/pèse-moût ou
pèse-moûts
Pèse-nitre *invariable*
Pèse-personne/
pèse-personne ou
pèse-personnes

Pèse-sel/pèse-sel ou
pèse-sels
Pèse-sirop/pèse-sirop ou
pèse-sirops
Pèse-urine/pèse-urine ou
pèse-urines
Pèse-vin *invariable*
Pet-d'âne/pets-d'âne
Pet-de-loup/pets-de-loup
Pet-de-nonne/pets-de-nonne
Pet-en-l'air *invariable*
Pète-sec *invariable*
Petit-barrage/petits-barrages
Petit-beurre/petits-beurre
Petit-bois/petits-bois
Petit-bourgeois/petits-
bourgeois
Petite-bourgeoise/petites-
bourgeoises
**Petit déjeuner (repas) ou
petit-déjeuner (service)**/
petits déjeuners ou
petits-déjeuners
Petite-fille/petites-filles
Petite-nièce/petites-nièces

Petite-oie/petites-oies
Petite-Venise/petites-Venise
Petit-fer/petits-fers
Petit-fils/petits-fils
Petit grain/petits grains
Petit-gris/petits-gris
Petit-lait/petits-laits
Petit-maître/petits-maîtres
Petite-maîtresse/petites-maîtresses
Petit-nègre *invariable*
Petit-neveu/petits-neveux
Petite-nièce/petites-nièces
Petit-père/petits-pères
Petit-pied/petits-pieds
Petits-enfants *toujours employé au pluriel*
Petit-suisse/petits-suisses
Petit vieux/petits vieux
Photo/photos (diminutif de « photographie »)
Photo-finish/photos-finish
Photo-robot/photos-robots
Physico-chimique/physico-chimiques

Physico-chimiste/physico-chimistes
Physico-mathématique/physico-mathématiques
Physico-mécanique/physico-mécaniques
Physico-théologique/physico-théologiques
Piano/pianos
Piano *invariable comme adverbe*
Piano-bar/pianos-bars
Pianoforte *invariable*
Pickpocket/pickpockets
Pick-up *invariable*
Pic-vert ou pivert/pics-verts ou piverts
Pied-à-terre *invariable*
Pied bleu/pieds bleus
Pied-bot/pieds-bots
Pied-d'alouette/pieds-d'alouette
Pied-de-biche/pieds-de-biche
Pied-de-chat/pieds-de-chat

Pied-de-cheval/pieds-de-cheval

Pied-de-chèvre/pieds-de-chèvre

Pied-de-coq/pieds-de-coq

Pied-de-corbeau/pieds-de-corbeau

Pied-de-cuve/pieds-de-cuve

Pied-de-griffon/pieds-de-griffon

Pied-de-lièvre/pieds-de-lièvre

Pied-de-lion/pieds-de-lion

Pied-de-mouche/pieds-de-mouche

Pied-de-mouton/pieds-de-mouton

Pied-de-pigeon/pieds-de-pigeon

Pied-de-poule/pieds-de-poule *(mais adjectif invariable)*

Pied-de-veau/pieds-de-veau

Pied-d'oiseau/pieds-d'oiseau

Piédroit ou pied-droit/piédroits ou pieds-droits

Piédestal/piédestaux

Pied-fort ou piéfort/pieds-forts ou piéforts

Pied module/pieds modules

Pied-noir ou pied noir/pieds-noirs ou pieds noirs

Pied-plat/pieds-plats

Pie-grièche/pies-grièches

Pie-mère/pies-mères

Pieu/pieux

Pieuse/pieuses

Piézoélectrique ou piézo-électrique/piézoélectriques ou piézo-électriques

Pilori/piloris

Pilote-major/pilotes-majors

Pilo-sébacé/pilo-sébacés

Pilo-sébacée/pilo-sébacées

Pilotis *invariable*

Pilou/pilous

Pince-cul *invariable*

Pince-fesses *invariable*

Pince-maille/pince-mailles

Pince-monseigneur/pinces-monseigneur

Pince-nez *invariable*

Pince-notes *invariable*

Pince-sans-rire *invariable*

Ping-pong/ping-pongs

Pin-up *invariable*

Pioupiou/pioupious

Pipe-line ou pipeline/pipe-lines ou pipelines

Piper-cub/piper-cubs

Pipe-still/pipe-stills

Pipette-filtre/pipettes-filtres

Pique-assiette/pique-assiette ou pique-assiettes

Pique-bœuf/pique-bœuf ou pique-bœufs

Pique-feu/pique-feu ou pique-feux

Pique-fleur ou pique-fleurs/pique-fleurs

Pique-fruit ou pique-fruits/pique-fruits

Pique-nique/pique-niques

Pique-niqueur/pique-niqueurs

Pique-niqueuse/pique-niqueuses

Pique-note ou pique-notes/pique-notes

Piqué-ouaté/piqués-ouatés

Piqué-retourné/piqués-retournés

Piqûre-apprêt/piqûres-apprêts

Pis-aller *invariable*

Pisse-froid *invariable*

Pisse-vinaigre *invariable*

Plain-chant/plains-chants

Plain-pied (de) *invariable*

Plancher-terrasse/planchers-terrasses

Plan-concave/plan-concaves

Plan-convexe/plan-convexes

Plan-relief/plans-reliefs

Plaque-adresse/plaques-adresses

Plaque-modèle/plaques-modèles

Plat-bord/plats-bords

Plat-coin/plats-coins

Plate-bande/plates-bandes

Plate-cuve/plates-cuves

Plate-face/plates-faces

Plate-faille/plates-failles

Plate-forme/plates-formes

Plate-longe/plates-longes

Plat-joint/plats-joints

Play-back *invariable*

Play-boy/play-boys

Plein-emploi ou plein emploi *invariable*

Plein-temps/plein-temps (locution adverbiale) ou pleins-temps (nom)

Plein-vent/pleins-vents

Pleure-misère *invariable*

Pleuropneumonie/ pleuropneumonies

Pleuro-typhoïde/pleuro- typhoïdes

Plum-pudding/plum- puddings

Plus-value/plus-values

Pluvio-nival/pluvio-nivaux

Pluvio-nivale/pluvio-nivales

Pneu-citerne/pneus-citernes

Pneumo-entérite/pneumo- entérites

Poche-œil *invariable*

Poche revolver/poches revolver

Pochette-surprise/ pochettes-surprises

Pogrom/pogroms

Poids-frein/poids-freins

Point de vue/points de vue

Pointe-sèche/pointes-sèches

Point-virgule/points-virgules

Point-voyelle/points-voyelles

Pomme-cannelle/pommes- cannelles

Pomme de terre/pommes de terre

Pont-aqueduc/ponts- aqueducs

Pont aux ânes/ponts aux ânes

Pont-l'évêque *invariable*

Pont-levis/ponts-levis
Pont-neuf/ponts-neufs
Porc-épic/porcs-épics
Portail/portails
Porte-à-faux *invariable*
**Porte-affiche ou
  porte-affiches**/porte-affiches
Porte-aiguille (instrument
  chirurgical)/porte-aiguille
  ou porte-aiguilles
Porte-aiguilles *invariable*
  (article de mercerie)
Porte-aiguillon *invariable*
Porte-allumettes *invariable*
Porte-à-porte *invariable*
Porte-assiette/porte-assiettes
Porte-autos *invariable*
Porte-avions *invariable*
Porte-bagages *invariable*
Porte-bannière/porte-
  bannière ou porte-bannières
Porte-bébé/porte-bébé ou
  porte-bébés
Porte-bijoux *invariable*
Porte-billet ou

porte-billets/porte-billets
Porte-bonheur *invariable*
Porte-bouchon/porte-
  bouchons
Porte-bougie/porte-bougies
Porte-bouquet/porte-
  bouquet ou porte-bouquets
**Porte-bouteille ou porte-
  bouteilles**/porte-bouteilles
Porte-broche/porte-broches
Porte-cannes *invariable*
Porte-canon/porte-canon
  ou porte canons
**Porte-carte ou
  porte-cartes**/porte-cartes
Porte-chapeau *invariable*
Porte-chéquier/porte-
  chéquier ou porte-chéquiers
**Porte-cigare ou porte-
  cigares**/porte-cigares
**Porte-cigarette ou porte-
  cigarettes**/porte-cigarettes
Porte-clefs ou porte-clés
  invariable

Porte-coton/porte-coton ou porte-cotons

Porte-couteau/porte-couteau ou porte-couteaux

Porte-crayon/porte-crayon ou porte-crayons

Porte-croisée/portes-croisées

Porte-document ou porte-documents/ porte-documents

Porte-drapeau/porte-drapeau ou porte-drapeaux

Porte-enseigne/porte-enseigne ou porte-enseignes

Porte-épée/porte-épée ou porte-épées

Porte-étendard/porte-étendard ou porte-étendards

Porte-étriers *invariable*

Porte-étrivière/porte-étrivière ou porte-étrivières

Portefaix *invariable*

Porte-fenêtre/portes-fenêtres

Porte-glaive/porte-glaive ou porte-glaives

Porte-greffe/porte-greffe ou porte-greffes

Porte-grille/portes-grilles

Porte-hélice/porte-hélice ou porte-hélices

Porte-hélicoptères *invariable*

Porte-jarretelles *invariable*

Porte-jupe/porte-jupe ou porte-jupes

Porte-malheur *invariable*

Portemanteau ou porte-manteau (malle-penderie)/ portemanteaux ou porte-manteaux

Porte-mine ou portemine/porte-mine ou porte-mines ou portemines

Porte-monnaie *invariable*

Porte-mors ou portemors *invariable*

Porte-objet/porte-objet ou porte-objets

Porte-outil/porte-outil ou porte-outils

Porte-parapluie ou porte-parapluies/porte-parapluie ou porte-parapluies

Porte-parole *invariable*

Porte-pieds *invariable*

Porte-plat/porte-plat ou porte-plats

Porte-plume/porte-plume ou porte-plumes

Porte-revues *invariable*

Porte-sabre/porte-sabre ou porte-sabres

Porte-savon/porte-savon ou porte-savons

Porte-serviette ou porte-serviettes/porte-serviettes

Porte-voix *invariable*

Port-Salut *invariable*

Postimpressionnisme *employé généralement au singulier*

Postimpressionniste/postimpressionnistes

Post-partum *invariable*

Post-scriptum *invariable*

Pot-au-feu *invariable*

Pot-bouille/pots-bouilles

Pot-de-vin/pots-de-vin

Pot-pourri/pots-pourris

Pouls *invariable*

Pousse-au-crime *invariable*

Pousse-avant *invariable*

Pousse-café *invariable*

Pousse-cailloux *invariable*

Pousse-cul *invariable*

Pousse-pied *invariable*

Pousse-pousse *invariable*

Pousse-wagon *invariable*

Prêchi-prêcha *invariable*

Premier-né/premiers-né

Première-née/premières-nées

Pré-salé/prés-salés

Presse-agrumes *invariable*

Presse-bouton *invariable*

Presse-citron/presse-citron ou presse-citrons

Presse-étoffe *invariable*

Presse-fruits *invariable*

Presse-orange/presse-orange ou presse-oranges

Presse-papiers *invariable*

Presse-purée *invariable*

Presse-viande *invariable*

Pré-verger/prés-vergers

Prie-dieu ou prie-Dieu *invariable*

Primo-infection/primo-infections

Prince-de-galles *invariable*

Prince-régent/princes-régents

Prix-étalon/prix-étalons

Pro/pros (diminutif de « professionnel »)

Procès-verbal/procès-verbaux

Proche-oriental/proche-orientaux

Proche-orientale/proche-orientales

Propre-à-rien (nom) ou

propre à rien (adjectif)/propres-à-rien ou propres à rien

Protège-bas *invariable*

Protège-cahier/protège-cahiers

Protège-dents *invariable*

Protège-parapluie/protège-parapluies

Protège-radiateur/protège-radiateurs

Protège-slip/protège-slips

Protège-tibia/protège-tibias

Proto/protos (diminutif de « prototype »)

Prud'homal/prud'homaux

Prud'homale/prud'homales

Prud'homme/prud'hommes

Prudhommesque/prudhommesques

Pseudo/pseudos (diminutif de « pseudonyme »)

Pseudo-adiabatique/pseudo-adiabatiques

Pseudo-agate/pseudo-agates

Pseudo-alliage/pseudo-alliages

Pseudo-améthyste/pseudo-améthystes

Pseudo-béryl/pseudo-béryls

Pseudo-bulbe/pseudo-bulbes

Pseudo-émeraude/pseudo-émeraudes

Pseudo-fécondation/pseudo-fécondations

Pseudo-glissement/pseudo-glissements

Pseudo-grenat/pseudo-grenats

Pseudo-groupe/pseudo-groupes

Pseudo-idée/pseudo-idées

Pseudo-labour/pseudo-labours

Pseudomembrane/pseudomembranes

Pseudomembraneux *invariable*

Pseudomembraneuse/pseudomembraneuses

Pseudo-séreuse/pseudo-séreuses

Pseudo-sphère/pseudo-sphères

Pseudo-spore/pseudo-spores

Pseudo-topaze/pseudo-topazes

Pseudo-tumeur/pseudo-tumeurs

Psy/psys (diminutif de « psychiatre », « psychanalyste », « psychologue » ou « psychothérapeute »)

Pudding/puddings

Pullman-car/pullman-cars

Pull-over/pull-overs

Pur-sang *invariable*

Puzzle/puzzles

Pyroélectrique/pyroélectriques

Q comme...

Quadra/quadras (diminutif de « quadragénaire » *mais adjectif invariable*)

Quadri/quadris (diminutif de « quadrichromie »)

Quant-à-moi *invariable*

Quant-à-soi *invariable*

Quantum/quanta

Quarante-huitard/quarante-huitards

Quart-de-cercle/quarts-de-cercle

Quart-de-pouce/quarts-de-pouce

Quart-de-rond/quarts-de-rond

Quartier général/quartiers généraux

Quartier-maître/quartiers-maîtres

Quasi-contrat/quasi-contrats

Quasi-délit/quasi-délits

Quasi-possession/quasi-possessions

Quasi-protectorat/quasi-protectorats

Quasi-rente/quasi-rentes

Quasi-tradition/quasi-traditions

Quasi-usufruit/quasi-usufruits

Quatre-cent-vingt-et-un *invariable* (jeu)

Quatre-épices *invariable*

Quatre-mâts *invariable*

Quatre-pieds *invariable*

Quatre-quarts *invariable*

Quatre-saisons *invariable*

Qu'en-dira-t-on *invariable*

Queue-d'aronde/queues-d'aronde

Queue-de-chat/queues-de-chat

Queue-de-cheval/queues-de-cheval

Queue-de-cochon/queues-de-cochon

Queue-de-morue/queues-de-morue

Queue-de-mouton/queues-de-mouton

Queue-de-paon/queues-de-paon

Queue-de-pie/queues-de-pie

Queue-de-poisson/queues-de-poisson

Queue-de-porc/queues-de-porc

Queue-de-rat/queues-de-rat

Queue-de-renard/queues-de-renard

Queue-de scorpion/queues-de-scorpion

Queue-de-souris/queues-de-souris

Queue-de-vache/queues-de-vache

Queue-de-vinaigre/queues-de-vinaigre

Queue-fourchue/queues-fourchues

Quinqua/quinquas (diminutif de « quinquagénaire »)

Quote-part/quotes-parts

R comme...

Rabat-vent *invariable*

Rabat-joie *invariable*

Radical-socialisme

ne s'emploie qu'au singulier

Radical-socialiste/radicaux-socialistes

Radicale-socialiste/ radicales-socialistes

Radio/radios (diminutif de « radiophone »)

Radio-cubital/radio-cubitaux

Radio-cubitale/radio-cubitales

Radioélectricien/ radioélectriciens

Radioélectricienne/ radioélectriciennes

Radioélectrique/ radioélectriques

Radioélément/radioéléments

Radioépidermite/ radioépidermites

Radioétoile/radioétoiles

Radio-indicateur/radio-indicateurs

Radio-interféromètre/ radio-interféromètres

Radiopalmaire/ radiopalmaires

Rahat-loukoum ou rahat-lokoum/rahat-loukoums ou rahat-lokoums

Rai-de-cœur/rais-de-cœur

Rallye-paper/rallye-papers

Ramasse-couverts *invariable*

Ramasse-miettes *invariable*

Ramasse-plis *invariable*

Rase-mottes *invariable*

Ray-grass *invariable*

Raz-de-marée ou raz de marée *invariable*

Récital/récitals

Recto-colite/recto-colites

Recto-urétral/recto-urétraux

Recto-urétrale/recto-urétrales

Recto-vaginal/recto-vaginaux

Recto-vaginale/recto-vaginales

Recto-vésical/recto-vésicaux

Recto-vésicale/recto-vésicales

Reine-claude/reines-claudes

Reine-des-prés/reines-des-prés

Reine-marguerite/reines-
marguerites
Relais *invariable*
Remonte-pente/remonte-
pentes
Remue-ménage *invariable*
Rendez-vous *invariable*
Réno-urétéral/réno-urétéraux
Réno-urétérale/réno-
urétérales
**Repose-pied ou
repose-pieds**/repose-pieds
Repose-tête *invariable*
Requin-marteau/requins-
marteaux
Ressort-friction/ressorts-
friction
Ressort-timbre/ressorts-
timbres
Réticulo-péritonite/
réticulo-péritonites
Réticulo-sarcome/réticulo-
sarcomes
Retire-botte/retire-bottes

Rétro/rétros (diminutif de
« rétrograde » *mais adjectif
invariable*)
Réveillematin *invariable*
Rezdechaussée *invariable*
**Rhinolaryngite ou
rhinolaryngite**/rhino-
laryngites ou rhinolaryngites
**Rhino-pharyngite ou
rhinopharyngite**/
rhino-pharyngites ou
rhinopharyngites
**Rhino-pharynx ou
rhinopharynx**/rhino-
pharynx ou rhinopharynx
Rince-bouche *invariable*
**Rince-bouteille ou
rince-bouteilles**/
rince-bouteilles
Rince-doigts *invariable*
Rince-tonneau *invariable*
Risque-tout *invariable*
Riz-pain-sel *invariable*
Robinet-vanne/robinets-
vannes

Roche-magasin/roches-magasins

Roche-réservoir/roches-réservoirs

Rocking-chair/rocking-chairs

Rogne-pied *invariable*

Roman-feuilleton/romans-feuilletons

Roman-fleuve/romans-fleuves

Roman-photo/romans-photos

Rond-de-cuir/ronds-de-cuir

Ronde-bosse/rondes-bosses

Rond-point/ronds-points

Röntgen ou rœntgen/röntgens ou rœntgens

Rose-croix *invariable*

Rosé-des-prés/rosés-des-prés

Rose-gorge *invariable*

Rose-thé/roses-thé *(mais adjectif invariable)*

Rouge-gorge/rouges-gorges

Rouge-queue/rouges-queues

Roulé-boulé/roulés-boulés

Roule-ta-bosse *invariable*

Rue-des-murailles/rues-des-murailles

S comme...

Sabot-de-Vénus/sabots-de-Vénus

Sabre-baïonnette/sabres-baïonnettes

Sacro-iliaque/sacro-iliaques

Sacro-lombaire/sacro-lombaires

Sacro-saint/sacro-saints

Sacro-sainte/sacro-saintes

Sacro-sciatique/sacro-sciatiques

Sacro-vertébral/sacro-vertébraux

Sacro-vertébrale/sacro-vertébrales

Sadomasochiste/sadomasochistes

Sage-femme/sages-femmes

Saigne-nez *invariable*

Saint-bernard *invariable*

Saint-cyrien/saint-cyriens

Sainte-barbe/saintes-barbes

Saint-Esprit *employé au singulier*

Saint-frusquin *invariable*

Saint-honoré *invariable*

Saint-marcellin *invariable*

Saint-Office *employé au singulier*

Saint-Père/Saints-Pères *employé généralement au singulier*

Saint-pierre *invariable*

Saint-sépulcre/saint-sépulcres

Saisie-arrêt/saisies-arrêts

Saisie-attribution/saisies-attributions

Saisie-brandon/saisies-brandons

Saisie-contrefaçon/saisies-contrefaçons

Saisie-exécution/saisies-exécutions

Saisie-gagerie/saisies-gageries

Saisie-revendication/saisies-revendications

Saisie-vente/saisies-ventes

Samouraï ou samurai/samouraïs ou samurai

Sang-mêlé *invariable*

Sans-abri *invariable*

Sans-cœur *invariable*

Sans-culotte/sans-culottes

Sans-emploi *invariable*

Sans-façon *invariable*

Sans-faute *invariable*

Sans-fil *invariable*
Sans-filiste/sans-filistes
Sans-gêne *invariable*
Sans-grade *invariable*
Sans-le-sou *invariable*
Sans-logis *invariable*
Sans-papiers *invariable*
Sans-pareil *invariable* (s'il s'agit de vocabulaire viticole)
Sans-parti *invariable*
Sans-plomb *invariable*
Sans-soin *invariable*
Sans-souci *invariable*
Sans-travail *invariable*
Santal/santals
Sapajou/sapajous
Sapeur-pompier/sapeurs-pompiers
Sarrau/sarraus
Sauf-conduit/sauf-conduits
Saut-de-lit/sauts-de-lit
Saut-de-loup/sauts-de-loup
Saut-de-mouton/sauts-de-mouton
Saute-mouton *invariable*

Saute-ruisseau *invariable*
Sauve-qui-peut *invariable*
Savane-parc/savanes-parcs
Savoir-faire *invariable*
Savoir-vivre *invariable*
Sceau-de-Salomon/sceaux-de-Salomon (fleur)
Science-fiction/sciences-fictions
Sèche-cheveux *invariable*
Sèche-linge *invariable*
Self-control/self-controls
Self-made-man/ self-made-men ou self-made-mans
Self-service/self-services *(mais adjectif invariable)*
Sellerie-bourrellerie/ selleries-bourrelleries
Sellerie-garnissage/ selleries-garnissages
Sellerie-maroquinerie/ selleries-maroquineries
Sellier-bourrellier/selliers-bourrelliers

Sellier-garnisseur/selliers-garnisseurs

Sellier-maroquinier/selliers-maroquiniers

Semi-argenté/semi-argentés

Semi-argentée/semi-argentées

Semi-aride/semi-arides

Semi-arien/semi-ariens

Semi-arienne/semi-ariennes

Semi-automatique/semi-automatiques

Semi-circulaire/semi-circulaires

Semi-conducteur/semi-conducteurs

Semi-cristal/semi-cristaux

Semi-fluide/semi-fluides

Semi-létal/semi-létaux

Semi-létale/semi-létales

Semi-lunaire/semi-lunaires

Semi-nomade/semi-nomades

Semi-officiel/semi-officiels

Semi-officielle/semi-officielles

Semi-opale/semi-opales

Semi-ouvré/semi-ouvrés

Semi-perméable/semi-perméables

Semi-public/semi-publics

Semi-publique/semi-publiques

Semi-remorque/semi-remorques

Semi-rigide/semi-rigides

Sénatus-consulte/sénatus-consultes

Sensitivo-moteur/sensitivo-moteurs

Sensitivo-motrice/sensitivo-motrices

Sensu-actoriel/sensu-actoriels

Sensu-actorielle/sensu-actorielles

Sept-en-huit *invariable*

Sept-mâts *invariable*

Sept-œil *invariable*

Serbo-croate/serbo-croates

Sergent-chef/sergents-chefs

Sergent-major/sergents-majors

Sergent de ville/sergents de ville

Seringa ou seringat/ seringas ou seringats

Serre-bijoux *invariable*

Serre-bosse/serre-bosses

Serre-câbles *invariable*

Serre-ciseaux *invariable*

Serre-écrou/serre-écrous

Serre-file/serre-files

Serre-fils *invariable*

Serre-frein/serre-freins

Serre-joint/serre-joints

Serre-livres *invariable*

Serre-nez *invariable*

Serre-nœud/serre-nœuds

Serre-papiers *invariable*

Serre-tête *invariable*

Serre-tube *invariable*

Serviette-éponge/ serviettes-éponges

Shake-hand/shake-hands

Shako/shakos

Shampoing ou shampooing/ shampoings ou shampooings

Shelter-deck/shelter-decks

Shogoun ou shogun/ shogouns ou shoguns

Shopping center/shopping centers

Side-car/side-cars

Sinus verse *invariable*

Sinu-vertébral/sinu-vertébraux

Sinu-vertébrale/sinu-vertébrales

Sister-ship/sister-ships

Skate-board/skate-boards

Sketch/sketches ou sketchs

Skipper/skippers

Snack-bar/snack-bars

Snow-boot/snow-boots

Social-chrétien/sociaux-chrétiens

Sociale-chrétienne/sociales-chrétiennes (adjectif)

Social-démocrate/sociaux-démocrates

Sociale-démocrate/ sociales-démocrates (adjectif)

Social-démocratie/
social-démocraties

Social-révolutionnaire/
sociaux révolutionnaires
(si utilisé comme nom)

Sociale-révolutionnaire/
sociales-révolutionnaires
adj. et nom (Larousse)

Socio/socios (supporters de
football en Espagne)

Socio-économique/socio-
économiques

Socio-professionnel/socio-
professionnels

Socio-professionnelle/
socio-professionnelles

Soi-disant *invariable*

Soit-communiqué *invariable*

Sol ciment/sols ciments

Songe-creux *invariable*

Sorgho/sorghos

Sortie-de-bain/sorties-de-
bain

Sortie-de-bal/sorties-de-bal

Sot-l'y-laisse *invariable*

Souffre-douleur *invariable*

Sourd-muet/sourds-muets

Sourde-muette/sourdes-
muettes

Sous-adapté/sous-adaptés

Sous-adaptée/sous-adaptées

Sous-administré/sous-
administrés

Sous-administrée/sous-
administrées

Sous-affluent/sous-affluents

Sous-alimentation/sous-
alimentations

Sous-alimenté/sous-alimentés

Sous-alimentée/sous-
alimentées

Sous-bief/sous-biefs

Sous-bois *invariable*

Sous-brigadier/sous-
brigadiers

Sous-caudal/sous-caudaux

Sous-caudale/sous-caudales

Sous-chef/sous-chefs

Sous-commissaire/sous-
commissaires

Sous-commission/sous-commissions

Sous-consommation/sous-consommations

Sous-cortical/sous-corticaux

Sous-corticale/sous-corticales

Sous-costal/sous-costaux

Sous-costale/sous-costales

Sous-couche/sous-couches

Sous-cutané/sous-cutanés

Sous-cutanée/sous-cutanées

Sous-développé/sous-développés

Sous-développée/sous-développées

Sous-directeur/sous-directeurs

Sous-directrice/sous-directrices

Sous-dominante/sous-dominantes

Sous-ensemble/sous-ensembles

Sous-entendu/sous-entendus

Sous-équipé/sous-équipés

Sous-équipée/sous-équipées

Sous-espèce/sous-espèces

Sous-estimation/sous-estimations

Sous-évaluation/sous-évaluations

Sous-exploitation/sous-exploitations

Sous-exposition/sous-exposition

Sous-fifre/sous-fifres

Sous-garde/sous-gardes

Sous-gorge *invariable*

Sous-jacent/sous-jacents

Sous-jacente/sous-jacentes

Sous-jupe/sous-jupes

Sous-information/sous-informations

Sous-lieutenant/sous-lieutenants

Sous-locataire/sous locataires

Sous-main *invariable*

Sous-marin/sous-marins

Sous-marinier/sous-mariniers

Sous-nappe/sous-nappes

Sous-officier/sous-officiers

Sous-œuvre/sous-œuvres
Sous-ordre/sous-ordres
Sous-préfecture/sous-préfectures
Sous-préfet/sous-préfets
Sous-préfète/sous-préfètes
Sous-produit/sous-produits
Sous-secrétaire/sous-secrétaires
Sous-secrétariat/sous-secrétariats
Sous-sol/sous-sols
Sous-tangente/sous-tangentes
Sous-titre/sous-titres
Sous-titré/sous-titrés
Sous-titrée/sous-titrées
Sous-traitant/sous-traitants
Sous-traitante/sous-traitantes
Sous-ventrière/sous-ventrières
Sous-verge *invariable*
Sous-verre *invariable*
Sous-vêtement/sous-vêtements
Sous-vireur/sous-vireurs
Sous-vireuse/sous-vireuses

Soutien-gorge/soutiens-gorge
Souvenez-vous-de-moi *invariable*
Spaghetti/spaghettis
Spahi/spahis
Sparadrap/sparadraps
Sparring-partner/sparring-partners
Spatio-temporel/spatio-temporels
Spatio-temporelle/spatio-temporelles
Sphincter/sphincters
Spleen/spleens
Spray/sprays
Starting-block/starting-blocks
Starting-gate/starting-gates
Station-service/stations-service
Statue-colonne/statues-colonnes
Steeple-chase/steeple-chases
Stéréo/stéréos

Sthène-mètre/sthènes-mètres

Stock-exchange/stock-exchanges

Stock-option/stock-options

Stratocumulus *invariable*

Strip-tease/strip-teases

Stripteaseuse/stripteaseuses

Strudel/strudels

Struggle for life *invariable*

Struggleforlifer/struggleforlifers

Stud-book/stud-books

Studio/studios

Stylo/stylos

Stylo-feutre/stylos-feutres

Stylo-glosse/stylo-glosses

Stylo-mastoïdien/stylo-mastoïdiens

Stylo-mastoïdienne/stylo-mastoïdiennes

Stylo-pharyngien/stylo-pharyngiens

Stylo-pharyngienne/stylo-pharyngiennes

Subrogé tuteur/subrogés tuteurs

Subrogée tutrice/subrogées tutrices

Suce-pierre *invariable*

Sud-africain/sud-africains

Sud-africaine/sud-africaines

Sud-américain/sud-américains

Sud-américaine/sud-américaines

Sud-coréen/sud-coréens

Sud-coréenne/sud-coréennes

Sud-vietnamien/sud-vietnamiens

Sud-vietnamienne/sud-vietnamiennes

Suivez-moi-jeune-homme *invariable*

Sulky/sulkies ou sulkys

Superbe/superbes (dans le sens d'« orgueil » s'emploie toujours au singulier)

Supernova/supernovæ

Supertanker/supertankers

Supra-axillaire/supra axillaires
Surboum/surboums
Surprise-partie/surprises-parties
Survolteur-dévolteur/survolteurs-dévolteurs
Sus-caudal/sus-caudaux
Sus-caudale/sus-caudales
Sus-claviculaire/sus-claviculaires
Sus-dénommé/sus-dénommés
Sus-dénommée/sus-dénommées
Sus-dominante/sus-dominantes
Sus-épineux *invariable*
Sus-épineuse/sus-épineuses
Sus-hépatique/sus-hépatiques
Sus-hyoïdien/sus-hyoïdiens
Sus-hyoïdienne/sus-hyoïdiennes
Sus-jacent/sus-jacents
Sus-malléolaire/sus-malléolaires

Sus-maxillaire/sus-maxillaires
Susmentionné/susmentionnés
Susmentionnée/susmentionnées
Sus-naso-labial/sus-naso-labiaux
Sus-naso-labiale/sus-naso-labiales
Susnommé/susnommés
Sus-occipital/sus-occipitaux
Sus-occipitale/sus-occipitales
Sus-orbitaire/sus-orbitaires
Sus-pubien/sus-pubiens
Sus-pubienne/sus-pubiennes
Sus-scapulaire/sus-scapulaires
Sussex spaniel/Sussex spaniels
Sus-tonique/sus-toniques
Swap/swaps
Sweater/sweaters
Syndic/syndics
Synopsis *invariable*
Syphilis *invariable*
Syrinx *invariable*

T comme...

Tafia/tafias
Taille-buissons *invariable*
Taille-crayon/taille-crayon ou taille-crayons
Taille-douce/tailles-douces
Taille-haie/taille-haies
Taille-légumes *invariable*
Taille-mer *invariable*
Taille-ongles ou taille-ongle/taille-ongles
Taille-pain *invariable*
Taille-plume/taille-plumes
Taille-racines *invariable*
Taille-vent *invariable*
Take-off *invariable*
Talkie-walkie/talkies-walkies
Talweg ou thalweg/talwegs ou thalwegs
Tambour-major/tambours-majors

Tampon buvard ou tampon-buvard/tampons buvards ou tampons-buvard
Tam-tam/tam-tams
Tandem/tandems
Tango/tangos *(mais adjectif invariable)*
Tan-sad/tan-sads
Tape-à-l'œil *invariable*
Tape-cul ou tapecul/tape-culs ou tapeculs
Tapis-brosse/tapis-brosses
Tapis-franc/tapis-francs
Targui ou touareg/targui ou touaregs
Targuie ou touarègue/targuie ou touarègues
Tarso-métatarsien/tarso-métatarsiens
Tarso-métatarsienne/tarso-métatarsiennes
Tasseau/tasseaux

Taste-vin ou tâte-vin
  invariable
Taupe-grillon/taupes-grillons
Taxi/taxis
Taxi-auto/taxi-autos
Taxi-brousse/taxis-brousse
Taxi-girl/taxi-girls
Taxi-scooter/taxis-scooters
Tea-room/tea-rooms
Teddy-bear/teddy-bears
Tee-shirt/tee-shirts
Télé/télés (diminutif de
  « téléviseur »)
Télégramme-lettre/
  télégrammes-lettres
Télégramme-mandat/
  télégrammes-mandats
Télégramme-virement/
  télégrammes-virements
Temporo-buccal/temporo-
  buccaux
Temporo-mastoïdien/
  temporo-mastoïdiens
Temporo-maxillaire/
  temporo-maxillaires

Temporo-pariétal/temporo-
  pariétaux
Temporo-pariétale/
  temporo-pariétales
Temps *invariable*
Tende-de-tranche/tendes-
  de-tranches
Tennis-elbow/tennis-elbows
Tennisman/tennismen
Tenon-guide/tenon-guides
Ténor/ténors
Ténorino/ténorinos
Tensioactif/tensioactifs
Tensioactive/tensioactives
Tente-abri/tentes-abris
Termino-latéral/termino-
  latéraux
Termino-latérale/termino-
  latérales
**Terre-neuvas ou
  terre-neuvier**/terre-neuvas
  ou terre-neuviers
Terre-neuve *invariable*
Terre-noix *invariable*
Terre-plein/terre-pleins

Test-objet/test-objets
Tête-à-queue *invariable*
Tête-à-tête *invariable*
Tête-bêche *invariable*
Tête-chèvre ou tette-chèvre/
tête-chèvres ou tette-chèvres
Tête-de-chat/têtes-de-chat
Tête-de-clou/têtes-de-clou
Tête-de-loup ou tête de loup/
têtes-de-loup ou têtes
de loup
Tête-de-Maure/têtes-de-
Maure
Tête de méduse/têtes de
méduse
Tête-de-moineau/têtes-de-
moineau
Tête de mort ou tête-de-
mort/têtes de mort ou
têtes-de-mort
Tête-de-nègre *invariable*
(s'il s'agit d'un adjectif)
Tête-de-nègre/têtes de
nègre (substantif)

Tête de souffre/têtes de
souffre
Tête de Turc/têtes de Turc
Teuf-teuf *invariable*
Thermoalgésique/
thermoalgésiques
Thermoanalyse/
thermoanalyses
Thermoanesthésie/
thermoanesthésies
Thermoélectrique/
thermoélectriques
Thoraco-abdominal/
thoraco-abdominaux
Thoraco-abdominale/
thoraco-abdominales
Thoraco-diaphragmatique/
thoraco-diaphragmatiques
Thoraco-lombaire/thoraco-
lombaires
Thyréo-arythénoïdien/
thyréo-arythénoïdiens
Thyréo-arythénoïdienne/
thyréo-arythénoïdiennes

Thyro-épiglottique/
thyro-épiglottiques

Thyro-hyoïdien/thyro-
hyoïdiens

Thyro-hyoïdienne/thyro-
hyoïdiennes

Tibio-péronier/tibio-péroniers

Tibio-péronière/tibio-
péronières

Tibio-tarsien/tibio-tarsiens

Tibio-tarsienne/tibio-
tarsiennes

Tic-tac *invariable*

Tiers-point/tiers-points

Tifoso/tifosi (supporter de
football en Italie)

Timbre-adresse/timbres-
adresses

Timbre-amende/timbres-
amendes

Timbre-poste/timbres-poste

Timbre-quittance/timbres-
quittances

Tire-au-cul *invariable*

Tire-au-flanc *invariable*

Tire-balle/tire-balles

Tire-bonde/tire-bondes

Tire-botte/tire-bottes

Tire-bouchon/tire-bouchons

Tire-bourre *invariable*

Tire-bouton/tire-boutons

Tire-braise *invariable*

Tire-cale/tire-cales

Tire-cartouche/tire-cartouches

Tire-cendre/tire-cendres

Tire-chaussette/
tire-chaussettes

Tire-clou/tire-clous

Tire-cordes *invariable*

Tire-crins *invariable*

Tire-dent/tire-dents

Tire-douille/tire-douilles

Tire-fesses *invariable*

Tire-feu *invariable*

Tire-fond *invariable*

Tire-joint/tire-joints

Tire-jus *invariable*

Tire-laine *invariable*

Tire-lait *invariable*

Tire-ligne/tire-lignes

Tirelire/tirelires
Tire-l'œil *invariable*
Tire-nerf/tire-nerfs
Tire-pied/tire-pieds
Tire-plomb *invariable*
Tire-sève *invariable*
Tire-veille *invariable*
Tire-veine/tire-veines
Tiroir-caisse/tiroirs-caisses
Tissu-éponge/tissus-éponges
Tissu-feutre/tissus-feutres
Tissu-pagne/tissus-pagnes
Toc toc invariable (au sens de « dingue »)
Tohu-bohu/tohu-bohu ou tohu-bohus
Toiture-terrasse/toitures-terrasses
Tom-pouce *invariable*
Topo/topos (diminutif de « topographie »)
Torche-cul/torche-culs
Torche-pot/torche-pots
Tord-boyaux *invariable*
Tord-nez *invariable*

Torero/toreros
Tôt-fait/tôt-faits
Touareg/touaregs (voir « targui »)
Touche-à-tout *invariable*
Touche-pipi *invariable*
Tourne-à-gauche *invariable*
Tourne-disque/tourne-disques
Tournedos *invariable*
Tourne-fil *invariable*
Tourne-pierre/tourne-pierres
Tournesol/tournesols
Tourteau-besant/tourteaux-besants
Tout-à-l'égout *invariable*
Toute-bonne/toutes-bonnes
Toute-épice/toutes-épices
Tout-petit/tout-petits
Toute-puissance/toutes-puissances
Tout-puissant/tout-puissants
Toute-puissante/toutes-puissantes
Toute-vive/toutes-vives

Tout-venant/tout-venants
(substantif) ou tout-venant
(adjectif)

Toxi-infection/toxi-infections

Toy spaniel/toy spaniels

Toy terrier/toy terriers

Trachée-artère/trachées-
artères

Trachéo-bronchite/trachéo-
bronchites

Trade-mark/trade-marks

Trade-union/trade-unions

Tragi-comédie/tragi-comédies

Tragi-comique/tragi-comiques

Train-balai/trains-balais

Train drapeau/trains
drapeaux

Traîne-buisson/traîne-
buisson ou traîne-buissons

Traîne-charrue/traîne-
charrues

Traîne-malheur *invariable*

Traîne-misère *invariable*

Traîne-savates *invariable*

Train-parc/trains-parcs

Train-poste/trains-poste

Train-train ou traintrain
invariable

Tranche-caillé *invariable*

Tranchée-abri/tranchées-abris

Tranche-montagne/tranche-
montagnes

Tranche-tête *invariable*

Tranche-tout *invariable*

Transfert-paiement/
transferts-paiements

Transfert-recette/transferts-
recettes

Trapèze-comète/trapèzes-
comètes

Trapézo-métacarpien/
trapézo-métacarpiens

Trapézo-métacarpienne/
trapézo-métacarpiennes

Travel plant/travel plants

Travers-banc/travers-bancs

Trench-coat/trench-coats

Trench-jack/trench-jacks

Trente-et-quarante
invariable

Trente-mailles *invariable*

Trésorier-payeur/trésoriers-payeurs

Triste-à-patte/tristes-à-patte

Trois-deux *invariable*

Trois-étoiles *invariable*

Trois-huit *invariable*

Trois-mâts *invariable*

Trois-pièces (vêtement) ou trois-pièces (appartement) *invariable*

Trois-quarts *invariable*

Trompe-la-mort *invariable*

Trompe-l'œil *invariable*

Trompette-des-morts ou **trompette-de-la-mort**/trompettes-des-morts ou trompettes-de-la-mort

Trop-perçu/trop-perçus

Trop-plein/trop-pleins

Trotte-menu *invariable*

Trouble-fête *invariable*

Trouble-ménage *invariable*

Trou-de-loup/trous-de-loup

Trou-madame/trous-madame

Trousse-galant/trousse-galants

Trousse-pet/trousse-pet ou trousse-pets (pour l'habit)

Trousse-pète *invariable*

Trousse-pied *invariable*

Trousse-queue *invariable*

Trou-trou/trou-trous

Tsé-tsé *invariable*

Tue-mouches *invariable*

Tue-vent *invariable*

Tumulus *invariable*

Turbo/turbos (diminutif de « turbocompresseur »)

Turboalternateur/turboalternateurs

Turboextracteur/turboextracteurs

Tutu/tutus

Tuyau/tuyaux

U comme...

Ubac/ubacs
Uhlan/uhlans
Ulcéro-cancer/ulcéro-cancers
Ulcéro-membraneux
invariable
Ulcéro-membraneuse/
ulcéro-membraneuses
Ultrainvariable (au sens
de « très »)
Ultra/ultras (terme politique)
Ultrabasique/ultrabasiques
Ultrason/ultrasons
Ultrazodiacal/ultrazodiacaux
Ultrazodiacale/
ultrazodiacales

Up-to-date *invariable*
Urétro-vésical/urétro-vésicaux
Urétro-vésicale/urétro-
vésicales
Utéro-ovarien/utéro-ovariens
Utéro-ovarienne/utéro-
ovariennes
Utéro-placentaire/utéro-
placentaires
Utéro-sacré/utéro-sacrés
Utéro-vaginal/utéro-vaginaux
Utéro-vaginale/utéro-
vaginales

V comme...

Va-de-la-gueule *invariable*
Va-de-l'avant *invariable*
Vade-mecum *invariable*
Va-et-vient *invariable*
Vagino-péritonéal/vagino-péritonéaux
Vagino-péritonéale/vagino-péritonéales
Vagino-rectal/vagino-rectaux
Vagino-rectale/vagino-rectales
Vagino-urétral/vagino-urétraux
Vagino-urétrale/vagino-urétrales
Vagino-vésical/vagino-vésicaux
Vagino-vésicale/vagino-vésicales
Va-nu-pieds *invariable*
Vaisseau-école/vaisseaux-écoles
Varech/varechs

Vasoconstricteur/vasoconstricteurs
Vasodilatateur/vasodilatateurs
Vasomoteur/vasomoteurs
Va-te-laver *invariable*
Va-t-en-guerre *invariable*
Va-tout *invariable*
Vélo/vélos (diminutif de « vélocipède »)
Vélum ou velum/vélums ou velums
Vénal/vénaux
Vénale/vénales
Ventail/ventaux
Ventaille/ventailles
Ventilateur-aérateur/ventilateurs-aérateurs
Ventre-de-biche *invariable*
Véranda/vérandas
Vermisseau/vermisseaux

Vermouth ou vermout/
vermouths ou vermouts
Vernis-émail/vernis-émaux
ou vernis-émails
Vernis-émulsion/vernis-
émulsions
Verrou/verrous
Vers-libriste/vers-libristes
Vert-de-gris *invariable*
Vésico-pustule/vésico-
pustules
Vésico-rectal/vésico-rectaux
Vésico-rectale/vésico-rectales
Vésico-utérin/vésico-utérins
Vésico-utérine/vésico-utérines
Vésico-vaginal/vésico-
vaginaux
Vésico-vaginale/vésico-
vaginales
Vésiculo-déférenciel/
vésiculo-déférenciels
Vésiculo-déférencielle/
vésiculo-déférencielles
Vesse-de-loup/vesses-de-
loup

Veto *invariable* (dans le sens
d'« opposition »)
Véto/vétos (diminutif de
« vétérinaire »)
Vibromasseur/vibromasseurs
Vice-amiral/vice-amiraux
Vice-bailli/vice-baillis
Vice-chancelier/vice-
chanceliers
Vice-consul/vice-consuls
Vice-présidence/
vice-présidences
Vice-président/
vice-présidents
Vice-roi/vice-rois
Vice-royauté/vice-royautés
Vide-bouteille/vide-bouteilles
Vide-cave/vide-cave ou
vide-caves
Vide-gousset/vide-goussets
Vide-greniers *invariable*
Vidéo/vidéos (s'il s'agit d'un
nom, *mais adjectif
invariable*)
Vide-ordures *invariable*

Vide-poche ou vide-poches/
vide-poches
Vide-pomme/vide-pomme
ou vide-pommes
Vide-vite *invariable*
Vif-argent *employé
généralement au singulier*
Ville-champignon/villes-
champignons
Ville-dortoir/villes-dortoirs
Ville-étape/villes-étapes
Ville-satellite/villes-satellites
Vis fraise *invariable*
Vivarium/vivariums
Vivat/vivats
Vive (interjection)/
vive ou vivent
Vive/vives (poisson)
Vive arête/vives arêtes
Vive-eau/vives-eaux
Vive la joie *invariable*
Vodka/vodkas

Voiture-balai/voitures-balais
Voiture-bar/voitures-bars
Voiture-couchette/voitures-
couchettes
Voiture-lit ou voiture-lits/
voitures-lits
Voiture-poste/voitures-poste
Voiture-pullman/voitures-
pullmans
Voiture-restaurant/voitures-
restaurants
Voiture-salon/voitures-salons
Vol-au-vent *invariable*
Volte-face *invariable*
Voyageur-kilomètre/
voyageurs-kilomètres
Voyou/voyous
Vulvo-vaginal/vulvo-vaginaux
Vulvo-vaginale/vulvo-
vaginales
Vulvo-vaginite/vulvo-vaginites

W comme...

Wagon-bar/wagons-bars
Wagon-citerne/wagons-citernes
Wagon-écurie/wagons-écuries
Wagon-foudre/wagons-foudres
Wagon-lit ou wagon-lits/wagons-lits
Wagon-poste/wagons-poste
Wagon-réservoir/wagons-réservoirs
Wagon-restaurant/wagons-restaurants
Wagon-salon/wagons-salons
Wagon-tombereau/wagons-tombereaux
Wagon-trémie/wagons-trémies
Water-closet/water-closets ou waters

Water-jacket/water-jackets
Water-polo/water-polos
Waterproof/waterproofs *(mais adjectif invariable)*
Watt/watts
Wattheure/wattheures
Wattman/wattmen
Week-end/week-ends
Welsh-rabbit/welsh-rabbits
Welsh-springer/welsh-springers
Welsh-terrier/welsh-terriers
Western/westerns
Whisky/whiskies ou whiskys
White-spirit/white-spirits
Wigwam/wigwams
Winch/winches
Wisigoth/wisigoths
Wisigothe/wisigothes

X comme...

Xénagos/xénagoi
Xénon *employé généralement au singulier*
Xoanon/xoana

Xylo/xylos (diminutif de « xylophone »)
Xylophage/xylophages

Y comme...

Yacht-club/yacht-clubs
Yachtman ou yachtsman/ yachtmen ou yachtsmans ou yachtsmen
Yachtwoman/yachtwomen
Yankee/yankees
Yellow-pine/yellow-pines
Yen/yens
Yeti ou yéti/yetis ou yétis
Yeuse/yeuses

Yé-yé *invariable*
Yiddish *invariable*
Ylang-ylang ou ilang-ilang/ ylangs-ylangs ou ilangs-ilangs
Yogi/yogis
Youyou/youyous
Yo-Yo/Yo-Yo (nom déposé)

Z comme...

Zaibatsu *invariable*
Zakouski/zakouski ou zakouskis
Zazou/zazous
Zébu/zébus
Zen *invariable*
Zeugme ou zeugma/zeugmes ou zeugmas
Ziggourat/ziggourats

Zigzag/zigzags
Zinc/zincs
Zinc-méthyle/zincs-méthyles
Zona/zonas
Zoo/zoos
Zoom/zooms
Zwanzeur/zwanzeurs
(mot belge)